ON N'EST PAS DES PIGEONS !

Racine
rtbf.be

Merci à
Olivier Evrard, le producteur d'*On n'est pas des pigeons*, d'avoir aussi bien motivé ses « troupes »,
Anne Poncelet et Xavier Guillitte, pour leur implication quotidienne dans le projet éditorial,
Sébastien Nollevaux, pour son dynamisme dans la présentation de l'émission,
tous les pigeons « pigeonnés », pour leur enthousiasme et leurs compétences,
Michaël Miraglia, de nous avoir mis sur la piste du Clebs,
Nicolas et Mathieu Balmet (Le Clebs), pour leur humour et leur gentillesse,
Françoise Osteaux, pour sa disponibilité,
et toutes les personnes qui, de loin ou de très près, ont permis que ce livre existe.

www.racine.be
www.rtbf.be/boutique
Inscrivez-vous à nos newsletters et recevez régulièrement des renseignements sur nos parutions et activités.

Rejoignez le Clebs sur sa page Facebook, **www.facebook.com/ZeClebs**

Tour et Taxis, Entrepôt royal
86C, avenue du Port, BP 104A • B - 1000 Bruxelles

D. 2012, 6852. 52
Dépôt légal : décembre 2012
ISBN 978-2-87386-820-8

Imprimé aux Pays-Bas

SOMMAIRE

SANTÉ, PRODUITS COSMÉTIQUES ET D'ENTRETIEN

TÉLÉCOMMUNICATIONS ET INFORMATIQUE

FINANCE ET BANQUE

VOITURE ET ÉNERGIE

LOISIRS, VOYAGES ET ANIMAUX

AUJOURD'HUI, LES PIGEONS C'EST NOUS…

Quand j'étais gamin, tous les dimanches matin, c'était le même rituel. Mon grand-père, passionné de colombophilie, rejoint par un ou deux voisins, s'installait sur le vieux banc adossé au pignon de la maison pour attendre le retour de ses pigeons. La fenêtre de la cuisine était ouverte. À l'époque, le transistor n'existait pas, il fallait écouter le poste familial et se taire lorsque le speaker de l'époque annonçait les communiqués colombophiles… « Ligne de l'Ouest, Momignies, les convoyeurs lâchent à partir de dix heures, Pont Sainte-Maxence, brouillard, les convoyeurs attendent… »

À l'époque, les pigeons, c'était cela, des animaux de concours dont on attendait le retour avec impatience. Aujourd'hui, le pigeon est plutôt attendu par le coup de fusil du business ou de la grande distribution.

Aujourd'hui, les pigeons, c'est nous…

Pourquoi sommes-nous devenus de tels pigeons ?

Lorsqu'on demande quelle personnalité a le plus marqué le siècle dernier, certains répondent Staline, Hitler, Gandhi, Kennedy… Mais jamais personne ne cite Edward Bernays !

Notre homme, d'origine autrichienne et émigré aux États-Unis, s'occupait de faire de la « réclame », comme on disait alors, pour certains produits. Mais il était également le neveu de Sigmund Freud avec lequel il entretenait des rapports suivis. Edward Bernays a tenté d'utiliser dans la «réclame» les résultats des travaux de son tonton sur l'inconscient. Et il a réussi! *Auparavant, on achetait par besoin, aujourd'hui on achète par désir.* Le citoyen est devenu consommateur et la «réclame» s'appelle désormais la «publicité». Les travaux d'Edward Bernays sur l'inconscient à l'usage des entreprises à travers les relations publiques ont contribué à l'émergence du marketing moderne. Il a été identifié par le magazine *Life* comme l'un des personnages les plus influents du XXe siècle.

Mais nous, l'équipe de «On n'est pas des pigeons», que venons-nous faire dans cette histoire? Oh, ne croyez pas que nous soyons les chevaliers blancs qui ont réponse à tout! Ne croyez pas que l'on ne se fasse pas «avoir» de temps en temps aux astuces des vendeurs. Nous sommes comme vous, parfois très naïfs; mais on tâche de se défendre, on cherche, on s'informe et on essaie, autant que faire se peut, de dénoncer les pièges qui se cachent à chaque détour de rayon ou nichent dans les recoins des sites internet.

Et il faut bien dire que nous avons réussi quelques beaux «coups»: nous avons organisé de faux cambriolages pour dénoncer les failles des sociétés de gardiennage; Emmanuel s'est fait passer pour un vieux libidineux pour tromper les fameux «tarologues» de la télé; plus fort encore, Paul-Henri s'est même fait passer pour un «voyant» afin de montrer la crédulité de la clientèle; Marc se fait un malin plaisir d'«exploser» les produits miracles vendus parfois en téléboutique; ou encore Jacques dépense des centaines d'euros afin de démontrer l'arnaque de certains concours via les SMS...

Je pourrais vous donner des dizaines d'exemples de ce genre. Mais découvrez plutôt ici quelques astuces qui vous aideront peut-être à ne pas vous faire manipuler par ceux qui veulent parfois vous vendre... du vent.

Hubert Mestrez

ALIMENTATION

FAIRE LES COURSES:
MODE D'EMPLOI
1 PRÉVOIR UNE PIÈCE POUR LE CADDIE
2 ARRIVER AU MAGASIN AVANT 20H
3 METTRE LA PIÈCE DANS LE CADDIE
4 NE PAS INSULTER LES GENS QUI METTENT LEUR CADDIE AU MILIEU DES RAYONS ET QUI FONT CH...
5 NE PAS ACHETER QUE DE LA BIÈRE ET DES PIZZAS
6 RÉPONDRE: "OUI" À LA QUESTION: "AVEZ-VOUS LA CARTE DU MAGASIN?"
7 ELLE EST DANS TA POCHE DE GAUCHE

1

NOTRE RECETTE POUR DES COURSES INTELLIGENTES

Achetez-vous toujours ce que vous pensez acheter ? Mangez-vous vraiment ce que vous croyez manger ? Achetez-vous l'emballage ou ce qu'il y a dedans ?

Matériel
- Des lunettes…
- Une loupe
- Une calculette (pour les plus curieux)
- La liste des courses

Temps nécessaire
- 3 minutes pour établir la liste des courses (commencez à mijoter la veille si nécessaire)
- Sur place : beaucoup plus de temps que d'habitude

Ingrédient
- Un œil critique
- De la patience
- Un ventre rempli (ne jamais faire les courses le ventre vide…)

Recette

Avant de déposer un aliment dans votre caddie, lisez soigneusement l'étiquette.

Tous les ingrédients utilisés dans la fabrication du produit sont mentionnés par ordre décroissant de poids. Le premier noté est donc celui que l'on retrouve en plus grande quantité. Ainsi…

Si votre jus contient de l'eau et du sucre, vous n'achetez pas un jus mais… de l'eau sucrée aux fruits. Un jus est constitué avant tout de fruits et non d'eau et de sucre ou d'édulcorants. Et si votre barre de chocolat contient avant tout du sucre, vous n'achetez pas du chocolat mais du sucre au chocolat. De même, si vos raviolis contiennent plus de sauce que de raviolis, vous achetez de la sauce aux raviolis et non le contraire…

Une soupe est censée contenir de l'eau et beaucoup de légumes : vérifiez le pourcentage. Les amidons et matières grasses se trouvent parfois avant les légumes !

La valeur nutritionnelle renseigne sur l'apport énergétique et la composition en protéines, lipides, glucides, fibres…

Elle vous donnera une meilleure estimation des valeurs, à comparer avec d'autres aliments, et surtout vous permettra de vérifier les allégations annoncées sur l'emballage.

La date de péremption ou date limite de consommation…

On oublie souvent de la vérifier… Attention, la date limite est valable tant que l'emballage n'a pas été ouvert.

Trucs & astuces

Attention, il arrive que les étiquettes changent quelque peu, sans que ce soit toujours très visible. C'est parfois l'occasion d'un changement de composition. Restez donc méfiant et relisez-les de temps en temps, même s'il s'agit d'un produit que vous achetez régulièrement.

2

PRODUITS ALIMENTAIRES MOINS CHERS : MOINS BONS ?

Avec la crise du pouvoir d'achat, nombreux sont les consommateurs qui se dirigent vers les produits alimentaires les moins chers. Qu'ils se rassurent : à l'analyse, les prix élevés ne sont pas nécessairement gages de qualité.

Les prix écrasés et les *hard discounters* traînent une réputation de moindre qualité. On trouve parfois, il est vrai, plus d'additifs dans leurs produits ; d'autres manquent parfois de goût ou affichent des ingrédients moins chers ou des produits de substitution, comme de l'huile de palme ; d'autres, enfin, diminuent le nombre d'ingrédients… mais ce n'est pas systématique.

Quatre types de marques ont été passées au crible de Test-Achats : les marques nationales, les marques de distributeurs (marques propres des magasins), les marques premiers prix (365, Carrefour Discount, Everyday, Aro…) et les marques vendues chez Aldi et Lidl (*hard discounters*). Les différences de prix sont tangibles entre ces différentes catégories : les premiers prix sont 45 à 50 % moins chers que les marques de distributeurs, elles-mêmes 30 % moins chères que les marques nationales. Les hard discounters, eux, sont 20 à 25 % plus chers que les premiers prix de Colruyt.

Test-Achats s'est demandé si ces écarts de prix se justifiaient par des différences objectives de qualité. Nous avons compilé les résultats de nos tests alimentaires de ces cinq dernières années et analysé les étiquettes de divers aliments pour savoir si les premiers prix utilisaient des ingrédients moins chers ou de moins bonne qualité.

Pour se prononcer sur la qualité nutritionnelle des quatre groupes de marques, nous avons eu recours aux données de ces quatre tests : frites, mueslis, plats préparés et pizzas. Pas de conclusion générale, en fait. Globalement, la qualité était tantôt meilleure chez les premiers prix que chez les marques nationales (pizzas), tantôt moins bonne (plats préparés), tantôt équivalente (mueslis).

L'examen via les étiquettes de produits plus ou moins complexes – comme les croquettes aux crevettes, les lasagnes ou encore la pâte à tartiner aux noisettes – révèle des différences d'ingrédients. Moins de crevettes dans les produits premiers prix, moins de viande dans les lasagnes premiers prix mais plus dans les lasagnes hard discount que dans les marques nationales, etc. Autre exemple : les chips Everyday sont cuites à l'huile de palme et non à l'huile de tournesol, plus saine et plus chère. Par contre, la lasagne qui présente la meilleure qualité nutritionnelle est un produit premier prix (365). Point plus négatif : davantage d'additifs dans certains aliments premiers prix, comme des conservateurs, des stabilisateurs ou encore des correcteurs d'acidité. Ce constat est attesté par bon nombre d'autres études.

3

L'HUILE DE PALME : TRISTES TROPIQUES !

C'est l'huile que l'on consomme le plus au monde. Un peu d'huile de palme, ce n'est pas grave, tous les amateurs de moambe vous le diront ! Mais le problème, c'est que l'on en trouve partout et qu'on l'ignore.

Pourquoi s'affoler, direz-vous ? L'huile végétale est de toute façon meilleure que l'huile animale ! C'est vrai ; mais il faut nuancer. L'huile de palme est très riche en acides gras saturés, pratiquement autant que le saindoux – ouvrez donc une boîte d'huile de palme : elle peut avoir la consistance du saindoux.

Huile de tournesol, 10 % d'acides gras saturés ; huile d'olive, 12 à 13 % ; huile de palme, 50 % et plus (si l'on presse les noyaux, cela peut atteindre les 80 %). Bonjour l'obésité et les problèmes cardio-vasculaires !

Alors pourquoi l'agroalimentaire s'est-il rué vers l'huile de palme ? D'abord, il est inutile de l'hydrogéner pour lui donner une consistance épaisse ; ensuite et surtout, elle est de 15 à 30 % moins chère que les autres huiles végétales. Cling, cling fait le tiroir-caisse… En attendant, les plantations industrielles de palmier à huile accélèrent la déforestation, épuisent le sol et entraînent la disparition d'espèces animales. Encore une fois, l'agroalimentaire est conscient de ce problème et tente de le camoufler…

Soyez certain que si une étiquette arbore « huile végétale » sans autre précision, il s'agit le plus souvent d'une huile de palme honteuse de se dévoiler…

Conseil

La plupart des pâtes de choco à tartiner sont bourrées d'huile de palme. Alors, faites votre choco maison ! C'est hyperfacile et suprabon.
Pour 2 grands pots, il vous faudra 150 g de chocolat noir, 250 g de beurre, 1 boîte de lait concentré sucré.
Faites fondre le chocolat et ramollir le beurre. Mélangez ensuite le chocolat avec le lait concentré, ajoutez le beurre et mélangez pour que la préparation soit bien lisse. Mettez en pots et au frais environ cinq heures avant de déguster, la préparation doit se figer !

4

POULETS : COMMENT S'Y RETROUVER DANS LE DÉDALE DES CATÉGORIES ?

La crise de la dioxine de 1999 a donné une énorme impulsion à une tendance déjà visible depuis quelque temps : la réapparition des catégories de poulets, ainsi que la création de nouvelles catégories – supposées être de meilleure qualité mais aussi un peu plus chères. Comment s'y retrouver ?

La dénomination « poulet de Bresse AOC » recouvre des volailles françaises originaires de cette région déterminée de l'Hexagone. Ils doivent leur qualité ou leurs caractéristiques à leur milieu géographique. Le poulet de Bresse est reconnaissable à ses plumes entièrement blanches, à ses fines pattes bleues et à sa crête rouge dentelée.

La plupart des volailles biologiques vendues sur le marché belge proviennent de France. Les poulets qui remplissent les conditions vérifiées par les instances de contrôle mandatées à cet effet (Ecocert ou Blik), peuvent porter le label Bio garantie. L'élevage biologique oblige à utiliser des races à croissance lente, à nourrir les animaux avec 80 % au moins de produits provenant de l'agriculture biologique, à prévoir un espace minimal de 4 m² par poulet et une durée d'élevage minimale de 81 jours.

Le Label de qualité wallon exige l'élevage fermier en plein air ; l'éclairage naturel dans le poulailler où séjournent

11 poulets par m²; l'accès, dès la sixième semaine, à un parcours herbeux de 2 m² minimum par tête; l'abattage après 81 à 102 jours; et un mode d'alimentation strict.

Le poulet dit « certifié » désigne une volaille dotée d'une garantie complémentaire, par exemple avoir été nourrie à 70 % de maïs ou de céréales. Les contrôles se font alors par des institutions indépendantes. À ce groupe appartiennent les poulets de maïs et les poulets de grain, ainsi que le fameux coucou de Malines, une vénérable race à la chair d'une qualité exceptionnelle.

Élevé à l'échelle industrielle (en batterie), le poulet « standard » est bon pour l'abattage en un temps record (41 jours), notamment grâce à un mode d'alimentation adapté.

Trucs & astuces

Certaines étiquettes font également mention du mode d'élevage des poulets. Les dénominations utilisées ne sont pas le fruit du hasard; elles sont strictement définies par des critères légaux. Décodons:

- **Poulet (poule, coq, etc.) élevé à l'intérieur**: pas plus de 12 animaux ou maximum 25 kg de poids vif par m². Abattage après au moins 56 jours.
- **Poulet sortant à l'extérieur**: par poulailler, maximum 13 animaux par m² ou 27,5 kg de poids vif. Pendant au moins la moitié de leur (courte) vie, les animaux doivent avoir un accès permanent pendant la journée à un espace herbeux pour se dégourdir les pattes à l'air libre, au moins 1 m² de surface par poulet. Abattage après 56 jours.
- **Poulet fermier élevé en plein air**: cette appellation pose des exigences beaucoup plus sévères que pour les deux catégories précédentes. Âge minimum pour l'abattage: 81 jours.
- **Poulet fermier élevé en liberté**: cette appellation concerne les volailles qui répondent à toutes les exigences des catégories précédentes et qui, en outre, disposent d'un espace de liberté non limité en plein air.

5

LE HAMBURGER : UN PRODUIT MYSTÈRE ?

Les hamburgers se composent de viande grossièrement hachée et épicée mais ils peuvent aussi contenir d'autres ingrédients. Personne ne sait en réalité ce qu'il y a dans la viande – un peu comme la légende de la fricadelle ! Les hamburgers se prêtent à l'ajout de protéines de moindre qualité ou étrangères à la viande. Ils sont aussi extrêmement sensibles car les bactéries s'y multiplient… Levons le mystère ensemble !

Une composition souvent floue ! Dans ce que l'on pourrait croire être de la viande de bœuf, on retrouve des légumes, des fruits, du beurre mais aussi du poulet, de la chèvre, du mouton ou même du cheval… Or, cela doit apparaître dans la dénomination du produit. Mais l'étiquetage, incomplet, ne mentionne pas le pourcentage de viande de porc, de bœuf et de poulet. Autre exemple, certains ne comportent pas d'informations claires sur la présence d'allergènes.

Le hamburger est en outre le produit idéal pour le fabricant désireux d'augmenter sensiblement sa marge bénéficiaire par l'ajout de graisses et de protéines de basse qualité. Les limites légales ? 14 % minimum de protéines et 30 % de graisses maximum (20 % en 2014). En ce qui concerne les protéines, certains fabricants trichent en remplaçant les protéines musculaires, plus coûteuses, par des protéines animales voire végétales, beaucoup moins chères. On parle de ratio collagène / protéines.

Beaucoup de burgers perdent plus de 20 % d'eau à la cuisson ! Réduction drastique : on en a moins pour son argent, tout simplement ! Pour éviter ce phénomène, certains fabricants ajoutent des phosphates, si bien que le consommateur paie pour de l'eau et non pour de la viande. C'est le cas des burgers Mora et Carrefour discount.

Quant aux hamburgers surgelés, ils ne peuvent être qualifiés de savoureux et les trois quarts des hamburgers testés sont trop salés.

Conseil

En résumé, n'en abusons pas... Plus le prix est bas, plus la qualité diminue : beaucoup sont décevants, avec des ingrédients de basse qualité, une texture trop granuleuse ou encore des nerfs ou des morceaux gras en abondance !

6

LES ŒUFS : OBJECTIF FRAÎCHEUR !

À quoi sert le code tamponné sur un œuf ? Que signifie la mention « extra frais » sur une boîte d'œufs ? Le compartiment à œufs du réfrigérateur est-il vraiment conçu pour les entreposer ? Comment contrôler leur fraîcheur ?…

Les œufs sont classés, entre autres critères, en catégories selon leur poids : small (S), medium (M), large (L) et extra large (XL). Un œuf small pèse entre 43 et 53 g ; un œuf médium, 53 à 63 g ; un œuf large, 63 à 73 g ; un œuf extra large, plus de 73 g. On trouve sur certains emballages la mention « de différentes tailles » : cela signifie que le poids des œufs sera variable.

Les œufs de catégorie A doivent tous porter un code, nécessaire pour leur traçabilité. Le code commence par un chiffre de 0 à 3 (0 = œuf bio ; 1 = œuf de poules élevées en plein air ; 2 = œuf d'élevage au sol et 3 = œuf de poules élevées en cage), suit le code du pays d'origine (p. ex. BE = Belgique ; NL = Pays-Bas) et enfin, le numéro d'enregistrement du producteur, accompagné éventuellement du numéro du hangar. Figurent parfois aussi sur l'œuf la date limite de conservation, la date de ponte ou une marque particulière.

La durée de conservation d'un œuf est de quatre semaines après la date de ponte. Pour des raisons de fraîcheur et pour limiter le risque de salmonelles, il est conseillé de conserver les œufs au frais. Il faut savoir en effet qu'ils perdent plus rapidement leur fraîcheur en restant un jour à température ambiante qu'une semaine au réfrigérateur. Mieux vaut également conserver les œufs dans leur emballage d'origine. Si vous les conservez dans les emplacements ad hoc de la porte du frigo, les variations de température et la condensation peuvent augmenter le risque de contamination par la salmonelle.

En outre, les odeurs peuvent pénétrer via la coquille poreuse des œufs. Évitez donc de les conserver à proximité d'aliments dégageant une odeur forte, comme l'ail ou le poisson fumé. Il faut également éviter tout contact avec l'humidité car des bactéries pourraient pénétrer dans la coquille et dégrader l'œuf.

Trucs & astuces

Comment savoir si un œuf est encore frais ? Au fil du temps, une chambre à air se développe entre les deux membranes située juste sous la coquille. Plus l'œuf vieillit, plus cette chambre à air est grande. Si vous placez un œuf tout frais dans un verre d'eau avec un peu de sel, il va tomber au fond du verre. Alors qu'un œuf qui n'est plus frais va flotter : sa chambre à air sera devenue si grande qu'elle va le ramener à la surface.

Le blanc d'œuf donne également des informations sur la fraîcheur. Quand l'œuf est frais, le blanc est ferme. Secouez doucement l'œuf près de votre oreille, vous n'entendez quasi rien. Avec un œuf plus vieux, vous entendrez bouger son contenu.

7

VOUS AVEZ DIT SCAMPIS ?

Le consommateur européen en général, et le belge plus particulièrement, est friand de grosses crevettes – appelées chez nous « scampis », le plus souvent. Nous les achetons trop « facilement », sans faire attention à la qualité, à l'impact environnemental et, surtout, sans réfléchir à la promesse gustative, souvent médiocre !

Ce que nous mangeons sous le nom de « scampi » est en fait une crevette. Les plus prisées par les Occidentaux sont généralement les grosses crevettes tigrées du genre Peaneus provenant le plus souvent de l'aquaculture d'Asie du Sud-Est.

De fait, le mot « scampi » vient de l'italien et désigne une langoustine, autre famille, avec des pinces. Quant aux « gambas », c'est au départ la dénomination espagnole pour les grosses crevettes de Méditerranée du genre Palaemon.

Dans nos supermarchés, on trouve des crevettes d'origine *Thaïlande congelées – Bangladesh congelées – Équateur décongelées* (allez savoir pourquoi on les décongèle…) et *Madagascar congelées.*

En termes de prix, on se situe entre 14 euros et environ 50 (!) euros le kilo selon que l'on a affaire à un produit asiatique ou un produit bio de Madagascar, et selon les détaillants.

La crevette asiatique « de base » est souvent épinglée pour son contenu en antibiotiques et autres produits peu appétissants, ainsi que pour les dommages environnementaux que son aquaculture occasionne.

À côté de ces crevettes « politiquement incorrectes » s'est développée, notamment à Madagascar et en Équateur, une aquaculture écologique. En plus d'être propres, saines et respectueuses de l'environnement, ces crevettes offrent un goût incomparable.

Trucs & astuces

Mangez de bonnes crevettes « scampis », même si leur prix est décourageant… Tant pis, mangez-en moins souvent !

8

POUR LE SPORT : L'EAU CLAIRE, UNE SOLUTION SUCRÉE, DES BOISSONS DITES « ÉNERGÉTIQUES » ?

Tout effort sportif doit être accompagné d'une hydratation régulière afin de préserver l'équilibre hydrique du corps. Mais que boire ? De l'eau, une solution salée, sucrée, avec ou sans vitamines et minéraux ? Faut-il consommer des boissons spécialement conçues pour l'effort sportif ? Quel est leur intérêt ?

Certaines boissons étudiées par Test-Achats (poudre ou liquide) renferment trop de sucre (9,3 % pour Overstim's Hydrixir et 8,6 % pour Blue Power) tandis que d'autres n'en contiennent pas assez. Avec Aptonia Hydra 0 % fraise et Aquarius Zero, on se trouve face au paradoxe des boissons light pour sportifs (0 ou 0,5 % de sucre). Elles ne fournissent pas de sucre mais du sel et des additifs. Quand on sait que l'apport le plus important d'une solution isotonique est justement le glucose, on ne voit vraiment aucun intérêt à dépenser autant d'argent pour de l'eau aromatisée. Bon nombre de boissons ne contiennent pas assez de sel : tous les Aquarius, par exemple, tournent aux alentours de 24 mg/100 ml au lieu de 46 mg minimum recommandé. Certains produits Aptonia montrent la même faiblesse, comme chez River ou Extran, mais tous apportent des minéraux, fût-ce en quantité très modeste. Aptonia destine ses boissons aux efforts de courte durée. Dans ce cas, l'eau suffit. Toutes ces boissons sont par contre bourrées d'additifs: colorants (bleu, vert, orange…), acidifiants, conservateurs, stabilisants, arômes, antioxydants, antiagglomérants. Mieux vaut faire sa propre préparation à consommer rapidement et à conserver dans des conditions adéquates.

L'eau est la solution la moins chère et la plus utile pour des efforts de moins d'une heure. Avant l'effort : faites le plein cinq à sept minutes avant une séance d'une heure ou plus en buvant de 200 à 400 ml d'eau plate. De cette façon, l'eau arrive dans le sang au moment du départ. Une boisson pour sportifs peut venir à point nommé mais uniquement après un échauffement intense, afin d'éviter une chute brutale du taux de glucide dans le sang.

Durant l'effort : afin de compenser la perte due à la transpiration, il faut boire 150 à 200 ml toutes les 15 à 20 minutes. Pour un effort de plus d'une heure et relativement intense, les boissons hydratantes peuvent être intéressantes. Pour des efforts d'endurance comme la course cycliste ou le triathlon, vous pouvez faire appel aux boissons pour sportifs, combinées avec des boissons énergétiques.

Conseil

Après l'effort : buvez autant que possible afin de reconstituer les réserves de liquide de votre organisme.

9

ÉTIQUETAGE NUTRITIONNEL : À BOIRE ET À MANGER…

L'étiquetage nutritionnel est à la mode. Mais quelle foire d'empoigne pour s'y retrouver ! Quelques éléments de référence, et un tableau d'information nutritionnelle…

Selon la loi, l'industriel n'est pas tenu de transcrire sur l'emballage les « informations nutritionnelles » de sa production, sauf lorsqu'une allégation figure sur cet emballage. À ce sujet, un règlement européen entrera en vigueur dès la fin 2016 : tous les aliments pré-emballés comporteront l'information obligatoire à propos des valeurs nutritionnelles, avec sept mentions obligatoires (énergie, protéines, graisses, graisses saturées, glucides, sucres et sel), exprimées par 100 g ou 100 ml. En outre, l'information peut aussi être exprimée par portion.

Il existe actuellement deux types d'étiquetage nutritionnel :

Type 1	Type 2
• Protéines (g/100 g) • Glucides (g/100 g) • Lipides (g/100 g) • Énergie (kcal/100 g et kJ/100 g)	• Protéines (g/100 g) • Glucides dont sucres (g/100 g) • Lipides (g/100 g), dont acides gras saturés (g/100 g) • Énergie (kcal/100 g et kJ/100 g) • Fibres alimentaires (g/100 g) • Sodium = Na (g/100 g)

De plus en plus d'emballages affichent les GDA (Guideline Daily Amounts), les repères nutritionnels journaliers. Ces pourcentages sont des valeurs indicatives établies par l'industrie agroalimentaire pour représenter les besoins nutritifs. Ils varient notamment selon l'âge et le sexe – il ne s'agit donc en rien d'un objectif à atteindre mais de repères pour aider à maintenir l'alimentation en équilibre. Pour correspondre à une majorité de personnes, les GDA utilisent comme référence les chiffres pour une femme adulte moyenne : soit 2 000 kcal, 50 g de protéines, 270 g de glucides, dont 90 g de sucres simples, 70 g de lipides, dont 20 g de lipides saturés, 25 g de fibres et 2,4 g de sodium (= 6 g de sel).

Le pourcentage des GDA indique la contribution d'une portion du produit en termes d'énergie et de nutriments par rapport au plan diététique de référence expliqué cidessus. Il est surtout indicatif et permet de comparer des produits de marques différentes.

Conseil

Lorsque les informations nutritionnelles existent sur un emballage, les chiffres repris ne sont pas toujours basés sur les analyses alimentaires du fabricant : ils sont souvent récupérés à partir de tables de composition. Il faut donc les considérer avec prudence.

10

MMM !, QUEL ARÔME !...

La production d'arômes est devenue une véritable industrie. Si, en parfumerie, on connaît les « nez », dans l'industrie alimentaire ce sont les « aromaticiens » qui parviennent à assembler différentes substances chimiques pour reproduire un goût ou une odeur.

Consulter l'étiquette, c'est bien ; la déchiffrer... c'est mieux ! Ne vous fiez pas à certaines appellations qui risquent de vous induire en erreur.

Il existe trois types d'arômes

Prenons l'exemple du goût « fraise » : l'étiquette peut indiquer « arôme naturel de fraise », créé à partir de fraises, ou « arôme naturel fraise », créé à partir de molécules que l'on trouve dans des produit naturels ou encore « arôme » sans précision, là, il s'agit d'arômes totalement artificiels, purement chimiques, créés à partir de produits que l'on ne trouve pas nécessairement à l'état naturel.

Ainsi, lorsque, sur un yaourt à la fraise, on lit « arôme naturel », il ne faut pas en déduire que les arômes sont extraits de la fraise. Ils sont en fait issus d'une pâte obtenue après le mélange de copeaux d'un bois australien, d'eau, d'alcool et de quelques ingrédients secrets. Avec une recette légèrement modifiée de cette pâte, on peut obtenir de l'arôme de framboise, de cacao, de chocolat ou de vanille.

L'origine naturelle est incontestable, puisqu'il s'agit de bois, mais c'est un casse-tête pour les allergologues en cas de réaction.

Trucs et astuces

Pour reconnaître les différents types d'arômes sur une étiquette, retenez ceci : s'il est indiqué « Arôme naturel de X », il s'agit d'un arôme extrait à 90 % de X ; « Arôme naturel X » ou « goût X » parlent d'un arôme naturel mais à partir d'autre chose que X ; « Arôme » désigne un arôme artificiel.

11

LES ÉTIQUETTES DES PLATS PRÉPARÉS : DÉCRYPTAGE

L'emballage et les étiquettes des produits alimentaires recèlent une foule d'informations. Nous vous aidons à y voir clair.

Grâce à un décryptage attentif des mentions affichées, vous pourrez choisir en toute connaissance de cause parmi l'offre de produits sur le marché. À condition que l'information soit claire et compréhensible.

La loi oblige les mentions suivantes (A. R. 13/09/1999) :

- **Dénomination** : elle indique ce que contient le plat préparé.
- **Mode d'emploi** : il permet au consommateur de préparer judicieusement son plat cuisiné et de l'apprécier.
- **Conseils de conservation** : ils sont à suivre impérativement pour garder au plat préparé toutes ses qualités.
- **Liste des ingrédients** : ils sont annoncés dans l'ordre décroissant de leur importance pondérale. Idéalement donc, les féculents et les légumes se situeront en début de la liste. Cette liste constitue aussi une source d'informations importante pour les personnes souffrant d'allergie ou d'hypersensibilité. En effet, depuis novembre 2005, les substances pouvant être à l'origine de ces réactions sont obligatoirement reprises dans la liste des

ingrédients. Et ce, même si elles ne s'y trouvent qu'en quantité infime.

- **Poids net** : il s'agit d'une mention obligatoire. Elle concerne le poids total net du plat préparé, hors emballage et conditionnement.
- **Le nom et l'adresse du fabricant, de l'emballeur ou du vendeur** : ces mentions, tout aussi obligatoires, sont utiles pour obtenir des informations complémentaires ou en cas de réclamation.
- **La date** : elle spécifie jusqu'à quel moment le plat préparé peut être consommé. Après cette date, le fabricant ne garantit plus la qualité et/ou la fraîcheur du produit.

Trucs & astuces

- **Date limite de consommation** = DLC (« à consommer jusqu'au… »). Les aliments très périssables d'un point de vue microbiologique peuvent représenter, après une courte durée, un danger pour la santé. La DLC est exprimée en jour/mois (/année).
- **Date de durabilité minimale** = DDM. Les caractéristiques particulières du produit sont garanties jusqu'à cette date, moyennant une conservation adaptée du produit.
- Vous trouverez la mention « **à consommer de préférence avant…** », lorsque le jour est mentionné dans la date (jour/mois/année), et « **à consommer de préférence avant fin…** », dans les autres cas (mois/année).

12

APRÈS LE PIGEON VOYAGEUR, LE COCHON VOYAGEUR !

Le porc, le mouton, la fraise ou la tomate : des produits exotiques ? Oui, s'ils sont consommés hors saison ou parcourent des milliers de kilomètres avant de finir sur votre table !

J'adore préparer moi-même mon hachis : sel, poivre, moutarde, oignons et, mon secret, un filet de vinaigre… Mais en jetant un coup d'œil distrait sur l'étiquette, je manque de tomber à la renverse : elle indique que le porc est né au Canada, a été élevé en Australie et abattu en Belgique. Il aurait donc parcouru 34 000 kilomètres avant de finir dans mon assiette ! Choquant, quand on sait que la Belgique produit 5 500 000 porcs et en exporte la moitié…

Retraité et curieux, j'ai le temps de faire un peu de recherches. Ce qui m'amène dans le supermarché, qui a empaqueté ce fameux hachis migrateur. Ouf, il s'agissait d'une erreur d'étiquetage : suite à un dérèglement, la machine indiquait des noms de pays d'une façon aléatoire. Histoire drôle, direz-vous ? Eh bien, pas tellement !

Nous mangeons quotidiennement du bœuf d'Argentine, des moutons de Nouvelle-Zélande, des haricots du Chili, des raisins du Brésil, etc. Il nous faut des fraises et des tomates hors saison, tant pis s'ils sont produits à grand renfort d'engrais au Maroc ou au Kenya et transportés ensuite à grands… coûts de kérosène. Pourquoi ne pas préférer les fruits et les légumes de saison produits par nos agriculteurs locaux ou dans les pays voisins ? Les moutons anglais ou français sont aussi bons que les néo-zélandais et ils sont très faciles à trouver.

Faites revivre les filières courtes !

Voici quelques sites utiles…

www.saveurspaysannes.be, coordination de paysans et artisans de Belgique pour le circuit court

www.gasap.be, groupes d'achat solidaires de l'agriculture paysanne

Cherchez également du côté de www.haricot.org et www.crioc.be

13

VIN MÉDAILLÉ, VIN DE QUALITÉ ?

Le Belge dépense chaque année près de 300 euros pour acheter 27 litres de vin en moyenne ! Mais comment distinguer les vins de qualité ?

Perdu dans les rayons d'une grande surface, où se réalisent la plupart des achats de vins, le consommateur tentera de repérer les signes d'une bouteille de qualité. À budget identique, certaines sortent du lot en affichant un macaron représentant une médaille glanée dans l'un ou l'autre concours.

Ces médailles sont souvent, pour le viticulteur, la garantie d'écouler son stock. C'est pourquoi la plupart des vins se présentent à plusieurs concours, histoire de multiplier les chances de succès. Même si une récompense au « concours du coin de ma rue » aura moins d'impact qu'une Grande Médaille d'or du Concours mondial de Bruxelles, le trophée sert de belle carte de visite.

Mais contrairement aux activités sportives, où seuls les trois premiers d'une épreuve sont récompensés, les concours de vins décernent de nombreuses médailles. En moyenne, près d'un vin sur trois obtient un sésame. Un vin médaillé n'est donc pas nécessairement un vin exceptionnel : c'est un vin qui a obtenu une qualité suffisante au concours où il s'est présenté. Or parfois, il s'agit d'un concours local. Rien qu'en France, 104 manifestations de ce type sont autorisées par an !

Il n'est donc pas étonnant de constater l'absence de grands crus lors de tels concours. Un vin réputé, dont les bouteilles s'écoulent sans problème au prix fort, a plus à y perdre qu'à y gagner.

Trucs & astuces

Astuce 1
Privilégiez les concours renommés (Bruxelles, Paris, Londres...). Attention à l'équivalence des médailles. Bruxelles, par exemple, ne délivre pas de bronze mais de l'argent, de l'or et des « grandes médailles d'or ».

Astuce 2
Consultez les revues, les guides spécialisés et les avis des internautes. Achetez une bouteille pour la goûter chez vous avant de craquer pour de grandes quantités.

14

LE POISSON ? UN BON REPAS FRAIS ET VITAMINÉ !

Le Belge consomme près de 12 kg de poissons, mollusques et crustacés par an ! De plus en plus d'espèces nouvelles apparaissent sur le marché, en provenance d'aquaculture ou de zones marines lointaines. De quoi varier les menus !…

Encore faut-il que le poisson soit frais. Quelques critères visuels permettent de s'en assurer aisément. Et si le poisson est très frais, on peut aussi le surgeler soi-même. Pour qu'il conserve ses qualités, il est indispensable, si on désire le décongeler avant de le préparer, de le faire correctement.

Les gens qui consomment plus de trois portions de poisson gras par semaine dépassent la limite acceptable au niveau des dioxines. De fait, elles s'accumulent dans les graisses, ce qui explique leur présence plus abondante dans les espèces dites grasses. Une étude a par ailleurs révélé que la quantité recommandée en oméga 3 EPA et DHA peut être obtenue en mangeant du poisson gras deux fois par semaine ou en alternant poisson riche en oméga 3 et poisson maigre trois fois par semaine. Il est donc conseillé d'avoir au menu du poisson au moins deux jours sur sept, tout en variant les espèces. Des études ont montré que les acides gras réduisent les risques de maladies cardiaques et ont des effets bénéfiques sur les facteurs de risques cardiovasculaires.

Mais le consommateur est confronté à l'évolution des prix. Poissons, mollusques et crustacés préparés et transformés ont vu leur prix augmenter d'un peu plus de 4 % entre 2009 et 2010, hormis pour les moules et les crevettes. Le poisson frais se voit aussi taxer d'une hausse soutenue depuis 2009. Dans l'ensemble, il reste un produit cher par rapport à la viande et aux autres denrées alimentaires. Mais cela n'empêche pas le consommateur d'en acheter : la part de marché des produits de la mer a en effet légèrement augmenté. Son conditionnement influence aussi le prix. Alors que le prix du cabillaud frais a tendance à diminuer, celui du congelé augmente.

Trucs & astuces

Assurez-vous que le poisson frais... est bien frais ! L'œil doit être bombé, la cornée transparente, la pupille noire et brillante. Le poisson avarié, au contraire, présente l'œil creux au centre, la cornée laiteuse et la pupille grise. Les branchies d'un poisson fraîchement pêché sont brillantes, bien colorées et exemptes de mucus. Plus le poisson vieillit, plus les branchies virent au jaunâtre, plus les lames qui les constituent ont tendance à s'agglutiner, plus il y a de mucus et plus celui-ci devient laiteux.

15

MOUSSEUX, CHAMPAGNE OU VIN QUI MOUSSE ?

Chaque année, on nous repose la question à cent centimes d'euro : « Quid des champagnes qui ne sont pas du champagne ? », ou encore : « Quid des mousseux ? Sont-ils aussi bons que le champagne ? »

Désolé mais, aujourd'hui, ces questions n'ont plus guère de sens : il existe de bons vins mousseux partout, notamment en Champagne, mais pas seulement ; et au départ de tout vin mousseux, il y a un bon vin. On l'oublie souvent : le mousseux, le crémant, le champagne, c'est d'abord du vin !

Mais que désignent ces appellations ?

S'appelle « mousseux » tout vin qui fait de la mousse, d'où qu'il vienne.

Le « champagne » est un vin mousseux AOC de la Champagne.

Jadis, on appelait « crémant » des vins de Champagne… moins mousseux, et ce même en Champagne. Quand les producteurs situés hors Champagne n'ont plus eu l'autorisation d'utiliser la mention « Méthode champenoise », les mousseux d'autres régions françaises ont pris l'appellation « crémant » (de Loire, de Bourgogne, d'Alsace…). Grâce à cet échange de bons procédés, toutes les régions françaises concernées peuvent commercialiser leurs vins mousseux dans de bonnes conditions.

Reste à décoder l'étiquette. Le sigle RM (récoltant manipulant) est l'indication d'un petit producteur qui cultive le raisin et produit le champagne. Le sigle NM (négociant manipulant) concerne les marques moyennes et grandes. Le sigle MA (marque d'acheteur) indique les champagnes « de distributeur » : il n'offre aucune garantie de trouver le même produit d'une année à l'autre car le distributeur achète en général des lots de bouteilles « sur lattes » à prix discount.

La méthode champenoise est utilisée en Champagne pour la prise de mousse. La méthode traditionnelle est la méthode champenoise mais suivie ailleurs qu'en Champagne. La méthode ancestrale consiste à mettre en bouteille le vin non fini ; la fermentation continue et dégage du gaz : c'est la méthode de la blanquette de Limoux et de la plupart des pétillants naturels, nouveaux venus dans le secteur. Quant à la méthode cuve close ou Charmat, elle est identique à la méthode traditionnelle mais dans une cuve : c'est la méthode du Prosecco.

Pourquoi parle-t-on de marques, pour les champagnes ? La spécificité du champagne et d'autres vins mousseux, c'est la mousse, bien sûr, mais c'est d'abord l'assemblage. Le champagne est – plus que jamais – un vin de négociants qui assemblent différents crus pour produire le « goût » typique d'un producteur, donc d'une marque. Ce qui explique pourquoi les champagnes de grande marque restent toujours semblables, à l'exception des champagnes dits « millésimés ».

En plus de ces fameuses grandes marques, des centaines de vignerons indépendants font également de l'assemblage, mais sur moins de parcelles. Ils réalisent parfois de très grands vins avec une véritable signature.

Trucs & astuces

Pour vous y retrouver parmi ces quelques dénominations…
En France : Bourgogne, Alsace, Loire, Jura, Sud-Ouest (Limoux) et bien entendu, Champagne !
En Italie : Prosecco, Asti, Franciacorta…
En Espagne : Cava, qui est une appellation générique pour les vins mousseux.
Parmi toutes ces dénominations, on trouve des produits très honnêtes, voire très bons, et il faut reconnaître qu'un bon produit hors Champagne présente souvent un bon rapport qualité/prix… même si, en Champagne, on trouve également de bons rapports qualité/prix !

16

OLIVES : LESQUELLES CHOISIR ? VERTES, NOIRES, FRAÎCHES, EN CONSERVE… ?

Malheureusement, à part la variété, l'emballage ne vous renseigne guère et, souvent, il ne vous reste qu'à goûter pour vous faire une opinion…

La variété, la sélection des fruits avant le processus de fabrication, l'unité de qualité sur une même récolte, le saumurage lent et… le noyau sont des facteurs de qualité de l'olive. Oui, les olives sont de meilleure qualité avec noyau que sans : c'est comme pour la tarte aux cerises !

Les olives sont présentées de plus en plus tant au rayon conserves (boîtes et bocaux) qu'au rayon frais, sous la mention olives « fraîches » ; or il ne s'agit que d'olives saumurées et sorties de leur saumure – avec, donc, une date limite de vente et de conservation beaucoup plus courte. Il faut savoir que l'olive fraîche proprement dite, à savoir l'olive cueillie de l'arbre telle que Mère Nature l'a conçue, n'est pas consommable : elle contient un acide, l'oléopricine, qui est très amer. Il faut donc la « désamériser ». Plusieurs procédés sont possibles : le simple rinçage plusieurs jours de suite à l'eau claire, l'utilisation de solutions alcalines ou le saumurage lent.

Où acheter ses olives : en grande surface, en épicerie fine ou sur les marchés ? Les différences de prix peuvent être énormes : si l'on ramène tout en prix au kilo (poids net égoutté), on trouve un écart de 5 à... 35 euros le kilo. Parfois, dans une même grande surface, le prix varie du simple au double entre olives « fraîches » et bocaux.

Il arrive également que les étiquettes mentent. Nous avons par exemple pu constater que, dans un magasin, les olives « à la grecque » en bocal venaient du Maroc (jusque-là, ce n'est pas une fraude) ; au rayon frais, l'étiquetage parle d'olives Kalamata – origine : le Maroc –, tandis que l'emballage dit « Grèce » et rien d'autre : bizarre ! Pour autant, le produit n'est pas mauvais ; c'est juste que, pour des olives, la Grèce est plus vendeuse que le Maroc.

Au marché, vous pouvez trouver des produits rincés de leur saumure et assaisonnés – et, il faut bien le dire : souvent savoureux. Nous avons toutefois quelques réserves concernant l'hygiène. Ces olives et tapenades prennent l'air et les postillons des clients toute la journée, retournent dans le seau, et cela se reproduit le lendemain. Heureusement, le sel est antibactérien mais, franchement, c'est limite ! Difficile de comprendre l'AFSCA, qui applique des règles draconiennes dans l'industrie et les ateliers et laisse faire ce genre de choses, sans parler de la main qui puise dans les olives...

Trucs & astuces

Nos choix « étoilés » :

Les olives avec noyaux, vertes à chair épaisse, des Pouilles.

Les olives « à la grecque » pour le côté « viril »...

Les olives de Nice.

Les olives taggiasche à l'huile d'olive.

17

À LA SOUPE !

En Belgique, la soupe était jusqu'il y a peu un acteur incontournable de nos repas. Aujourd'hui pourtant, l'industrie concurrence notre bonne vieille soupe avec des propositions culinaires aux goûts intenses et attractifs, et la soupe « maison » apparaît très, trop simple, voire simpliste. Dommage, c'est si bon et si bon marché !

La soupe, chez nous, se résume le plus souvent à une soupe de légumes mixés et, les « bons » jours, il y a même des boulettes dedans. La soupe, dans le monde, c'est plein de choses : cela va du bouillon clair à la bouillabaisse en passant par les soupes vietnamiennes ou la soupe japonaise miso, sans oublier le minestrone avec des légumineuses, des morceaux et même des pâtes pour un vrai repas complet.

Le vaste monde de la soupe en grande surface est devenu aussi complexe et varié que le monde des yaourts dans un hypermarché chez nos voisins français ! Ou encore l'univers des chips – d'ailleurs, on y trouve parfois d'effarantes similitudes : la soupe tomate mozzarella existe, je l'ai rencontrée !

Mais parlons prix… Les soupes fraîches coûtent de 5 euros le litre pour les soupes aux légumes jusqu'à près de 10 euros le litre dès qu'il y a de la viande.

Les soupes du rayon « épicerie » en tetrapack oscillent entre un peu moins de 2 euros le litre à près de 4 euros, si on laisse de côté les soupes « de luxe », comme les bisques de homard par exemple.

Le prix des soupes surgelées est comparable à celui des soupes en tetrapack.

Quant aux soupes en sachets, là, en revanche, on est à un peu plus d'1 euro le litre (une fois que l'on y a mis la quantité d'eau nécessaire !).

Mais combien coûte une soupe « maison » ? Je me suis offert le luxe de préparer une soupe de poireaux avec des légumes de grande surface bio, dans le but de faire mentir l'adage qui voudrait que le bio soit forcément plus cher. Cette soupe coûte 1,36 euro le litre. Attention, ne pas comparer aux soupes en tetrapak mais aux soupes fraîches à

5 euros. Dans ma soupe, il y avait des poireaux bio, des pommes de terre bio, du beurre bio. Avec des produits dits conventionnels, le prix baisse encore !

Seule concession à l'industrie dans ma soupe bio, un bouillon cube ; mais, franchement, on peut s'en passer, et le prix baisse encore.

« Oui mais, direz-vous, je n'ai pas le temps !... » Je demande à vérifier l'emploi du temps de ceux qui n'ont pas le temps et je rétorque que c'est plutôt une question d'en avoir envie !

Conseil

Nous avons tendance à choisir d'autres en-cas ou repas plus sophistiqués. Croyez-moi, optez pour la soupe poireaux-pommes de terre maison plutôt que pour la « tomates mozzarella ananas crevettes » industrielle !

SANTÉ, PRODUITS COSMÉTIQUES ET D'ENTRETIEN

WHISKY OU RHUM
AVEC VOTRE DESSERT?
TRÈS IMPORTANT,
UNE BONNE
ASSURANCE ...

18

ASSURANCE HOSPITALISATION : MÉFIEZ-VOUS DES EXCLUSIONS !

L'assurance hospitalisation est bien utile pour faire face aux aléas de la vie. Mais la qualité des contrats et les primes varient parfois sensiblement. La liste des exclusions, par exemple, peut être particulièrement longue...

Une telle assurance vous aidera à faire face aux coûts parfois très élevés d'une hospitalisation, surtout si vous optez pour une chambre individuelle. Mais l'étendue de la couverture varie d'un contrat à l'autre ; gare, en particulier, aux exclusions !

Car, hormis les maladies existantes, les contrats en prévoient généralement une liste plus ou moins longue : opération de chirurgie esthétique non consécutive à une maladie ou un accident, traitement de l'infertilité, parfois aussi hospitalisation consécutive à la pratique de certains sports, à une stérilisation, à une vaccination, à un traitement dentaire, etc. Bon nombre de contrats excluent également les traitements dus à un acte intentionnel ou volontaire. De telles clauses ont pourtant déjà été condamnées par les tribunaux.

Autres types d'exclusions et limitations de toutes sortes : celles liées aux maladies mentales. Elles portent sur le nombre de jours ou le montant de l'intervention, et souvent aussi sur le type d'établissements couverts : les séjours en hôpitaux psychiatriques sont fréquemment exclus. Et cela continue avec des clauses excluant l'intervention de l'assureur si l'affection ne repose pas sur des signes organiques ; ce qui, en matière de dépression nerveuse, ouvre la porte à bien des contestations.

Pour payer une prime raisonnable, mieux vaut être jeune et habiter ou se soigner ailleurs que dans la capitale ! Le montant de la prime n'est pas identique pour tout le monde. Il dépend en effet de divers paramètres, définis par chaque compagnie. Ainsi, l'âge de l'assuré. Plus vous êtes âgé au moment de la souscription du contrat, plus la prime sera élevée. Ainsi, une personne de 65 ans paie généralement deux à trois fois plus qu'une personne de 45 ans. Autre paramètre, la localisation : celle du lieu de résidence du preneur (chez DKV et prévu comme possibilité par Aras), ou celle de l'hôpital (AG Insurance), en prévoyant une réduction de 50 % du remboursement si l'assuré opte pour un séjour en chambre individuelle dans une liste d'hôpitaux, situés essentiellement à Bruxelles. Chez KBC, l'indemnité est réduite dans certains hôpitaux même pour les séjours en chambre à deux lits avec suppléments pour le patient. Aras/Argenta et les AP limitent le plafond d'intervention à deux fois le barème Inami dans les hôpitaux bruxellois.

Conseil

Bon nombre de travailleurs bénéficient, pour eux-mêmes et pour leur famille proche, d'une assurance hospitalisation collective souscrite par leur employeur. Si vous n'avez pas cette chance, nous vous conseillons de souscrire une assurance individuelle.

19

ENCORE UN COUP POUR VOUS PIGEONNER : LE PRIX DES COSMÉTIQUES

Le prix des crèmes en cosmétique peut varier d'une dizaine d'euros à plusieurs centaines ! Le sujet reste assez tabou, les grandes marques détestant révéler leurs secrets…

Vous consacrez en moyenne, Mesdames, 31 euros par mois pour l'achat de cosmétiques ; mais ce montant peut atteindre 87 euros à plus de soixante ans. Dans le secteur, on n'aime pas parler d'argent et plusieurs firmes n'ont pas voulu nous ouvrir leurs portes. Pourtant, quelle que soit la marque, les ingrédients sont toujours sensiblement les mêmes : pour fabriquer une crème, il faut 80 % d'eau, de l'huile, des additifs, et moins de 5 % de principes actifs. Alors, les différences de prix sont-elles justifiées ?

Si certains principes actifs, comme la vitamine A ou les acides de fruits, ont effectivement démontré leur intérêt, ils ne suffisent pas à expliquer les écarts de prix. En France, le magazine *UFC Que choisir* a comparé une dizaine de crèmes. Elles sont actives pour hydrater la peau mais beaucoup moins convaincantes quand il s'agit de réduire les rides. Et les plus chères ne sont pas les plus efficaces. Dernières venues sur le marché, les crèmes qui ne s'échangent que sur Internet, avec un minimum d'emballage, de pub et de marketing. Cela permet de supprimer les intermédiaires et donc de faire chuter les prix. Reste que l'achat d'un soin n'est pas un acte rationnel et une «bonne» crème, c'est aussi celle qui permet de rêver, un peu, beaucoup... à la folie.

Trucs & astuces

Finalement, un soin pour la peau, c'est beaucoup d'eau, un corps gras, végétal, synthétique ou minéral, une bonne dose de produits chimiques, destinés entre autres à lier l'eau au corps gras ; ensuite, des silicones, conservateurs, colorants, agents fixateurs et très peu d'actifs, 1 à 2 % maximum. Mais ce sont ces actifs qui permettent d'attirer le consommateur. Rien qui puisse justifier des prix exorbitants. Autant le savoir !

On ne le dira jamais assez : pour avoir une belle peau, ni trop de soleil ni tabac et bon dodo !

20

SHAMPOING, OU LAVAGE DE CERVEAU ?

L'industrie cosmétique invente sans cesse de nouvelles promesses qu'ils communiquent à grand renfort de publicité. Et, souvent, nous tombons dans le panneau…

Avoir de beaux cheveux, c'est important. Les fabricants de shampoing le savent bien et ne manquent jamais d'idées pour attirer le consommateur. Ils tentent de souligner le côté « thérapeutique » de leurs produits en ajoutant des additifs qui correspondent aux tendances du jour.

On a connu les shampoings aux œufs, aujourd'hui, ils sont à l'huile d'argan ou au pamplemousse. On n'a rien ignoré des pré-shampoings, des shampoings contre cheveux gras, secs ou fourchus, ou contre la perte des cheveux. Si les fabricants savent comment nous attirer, le consommateur, lui, ne sait pas toujours pourquoi il choisit tel ou tel produit. Des tests le prouvent et les fabricants le savent bien aussi. Le shampoing fait partie des choix impulsifs, immédiats – au contraire d'autres produits, comme les denrées alimentaires, que le client prend le temps de comparer.

Les fabricants recourent donc à une arme : la présentation de l'emballage, qui doit véhiculer certaines valeurs. Et, parmi elles, le naturel a aujourd'hui la cote : yoghourt, huile d'olive, gelée royale, kiwi, aloe vera, nacre naturelle… tout

cela pour soigner des cheveux cassés, fatigués ou stressés. Vous avez déjà vu un cheveu stressé, vous ?

Or, si un consommateur utilise un shampoing à l'aloe vera, par exemple, et s'aperçoit qu'il n'a plus de démangeaisons, il en attribuera le bienfait au végétal, alors que c'est peut-être le résultat d'un autre des dizaines de composants du shampoing. Un marketing qui peut coûter cher au consommateur. Dans un même rayon, le prix des shampoings est très variable. Dans une grande surface, le shampoing le moins cher, à 0,62 centimes le litre, côtoyait une marque à 0,35 euros le litre, soit 58 fois plus chère ! Pour plusieurs dermatologues, cette différence de prix ne se justifie absolument pas.

Trucs & astuces

Voulez-vous faire votre shampoing vous-même ?
Allez faire un tour sur le site www.trucsbio.com, rubrique Beauté naturelle.

21

LE *GREENWASHING*, VOUS CONNAISSEZ ?

Les grandes marques ont bien compris que nous étions de plus en plus nombreux à veiller à l'environnement et... le *greenwashing* est l'art de faire passer pour respectueux de l'environnement un produit qui ne l'est pas forcément...

Des exemples, on en trouve à la pelle !

Par exemple, cet adoucissant qui, sur l'emballage, arbore la couleur verte et un arbre pour évoquer la nature, cet autre qui se pare de bleu pour la fraîcheur et vous offre l'image d'un bébé souriant. À l'arrière, six labels qui doivent confirmer les qualités du produit, histoire de vous faire tomber dans le panneau. L'un annonce des ingrédients naturels, sans plus de précision (ce peut être 0,1 % du produit), l'autre annonce des parfums sans davantage de détails (ce peut être des parfums de synthèse). Un troisième s'autoproclame « *sustainable cleaning* » (nettoyage durable), ce qui ne veut strictement rien dire car c'est un logo créé par les lessiviers, sans le moindre contrôle indépendant.

Autre exemple, une lessive qui affirme utiliser des blanchissants naturels *dermatested* (testés sur la peau... mais en anglais, cela fait plus chic) au savon 100 % naturel. Quand on en lit la composition, on s'aperçoit qu'il n'y a que 5 % de savon – pas de quoi se vanter ; quant aux blanchissants naturels, ce sont des substances chimiques qui donnent l'illusion de la blancheur par simple réaction aux rayons UV. Dans ce produit, on trouve aussi du méthylchloroisothiazolinone, un conservateur néfaste pour la vie aquatique et nocif pour l'homme.

Dernier exemple, un produit pour nettoyer les cuvettes de WC qui s'affirme sans chlore ; mais vérifiez la composition, indiquée en lettres minuscules comme d'habitude, et vous verrez : « Ingrédients : acide chlorhydrique. » Moi, j'appelle cela du cynisme…

Conseil

Allez faire un tour sur le site www.ecoconso.be, et cherchez-y « greenwashing », vous serez édifié !

22

PRODUITS D'ENTRETIEN : À VOS ÉPROUVETTES !

Pourquoi ne pas s'inspirer des drogueries sociales et fabriquer vous-mêmes vos produits d'entretien ? Outre qu'il s'agit de produits biodégradables, l'économie réalisée sera vraiment importante.

On a vu depuis quelques années apparaître des épiceries ou des restaurants sociaux où les personnes en difficulté financière pouvaient obtenir un repas ou des produits à des prix vraiment très bas. Car l'achat de produits d'entretien représente souvent un réel budget.

Depuis peu, initiées par certaines antennes locales de la Croix-Rouge ou de Centres laïques, des initiatives originales voient le jour : la création de drogueries sociales. On peut y acheter à prix coûtant des produits de base qui permettent de fabriquer soi-même les détergents et les produits d'entretien les plus courants. Ce sont des produits simples qu'utilisaient nos grands-mères et qui donnaient toute satisfaction. Bicarbonate de soude, vinaigre, savon noir, pierre ponce, des produits bon marché, écologiques et sans danger.

Des formations sont prévues pour les utilisateurs. Outre qu'il s'agit de produits biodégradables, l'économie réalisée sera importante. Un ménage moyen dépense chaque année 250 euros environ pour les produits d'entretien. Ici, il ne leur en coûtera qu'une cinquantaine d'euros.

Pour plus de renseignements, contactez la Croix-Rouge d'Auderghem ou le Centre montois d'Action laïque. En attendant, je ne peux m'empêcher de vous donner quelques recettes simples, efficaces et sans danger !

Quelques trucs utiles pour payer moins cher ses produits d'entretien :

Nettoyant multi-usages
1 litre d'eau chaude, 20 gouttes d'huile essentielle de tea tree, de pin et/ou de citron pour leurs vertus désinfectantes, 1 cuillerée à soupe de vinaigre, 1 cuillerée à soupe de bicarbonate de soude ou de cristaux de soude (plus dégraissant), 1 cuillerée à soupe de savon liquide écologique.
Mettez le bicarbonate dans un flacon, versez l'eau, ajoutez les autres composants, mélangez bien… et constatez l'efficacité de ce produit, qui ne vous aura coûté que des clopinettes.

Savon à vaisselle
1 cuillerée à soupe de cristaux de soude ; 1 cuillerée à soupe de sel dissous dans de l'eau chaude ; 150 ml de savon liquide neutre ; 15 à 20 gouttes d'huile essentielle de citron, pin ou menthe selon vos préférences. Agitez doucement le tout et complétez avec de l'eau.

Déodorisant pour WC
Achetez ou récupérez un vaporisateur de 150 ml (un spray vide de produit de nettoyage du commerce peut faire l'affaire). Ajoutez à 150 ml d'alcool pour fruit des huiles essentielles, 5 gouttes de pin, 5 de citron, 5 de lavande aspic. Agiter puis vaporisez dans l'atmosphère. Vous m'en direz des nouvelles !

23

BLOCS WC: NE JETEZ PAS VOTRE ARGENT DANS LA CUVETTE !

Les blocs WC nettoyants et désodorisants que l'on fixe à l'intérieur de la cuvette ont démontré leur efficacité. Ce n'est pas elle que nous remettons en question mais leur prix. Au litre, ils coûtent plus cher que le champagne !

50 euros, voire 70 euros le litre pour les plus chers d'entre eux. Comment justifier ces prix ? Aucune marque n'a répondu à nos demandes d'interview. Nous nous sommes donc tournés vers la science pour déterminer ce que renfermaient ces liquides apparemment très précieux.

Pour faire simple, on y retrouve des savons, de l'alcool et des parfums. Mais rien n'explique leur coût élevé. Avec l'aide d'un professeur d'université, nous avons pu chiffrer leurs composants et conclure que les blocs étaient vendus en moyenne sept fois plus cher que ce qu'ils devraient normalement coûter. L'emballage, le marketing et la distribution coûtent bien plus que le produit lui-même.

Aussi, nous vous conseillons de privilégier les nettoyants WC en bouteille, bien moins chers.

Trucs & astuces

Autre possibilité : fabriquer un produit WC maison. Il vous faudra un flacon vaporisateur de 500 ml, de l'eau, du vinaigre d'alcool et des huiles essentielles de citron ou de tea tree.
Remplissez le flacon avec 1/3 de vinaigre d'alcool. Complétez avec de l'eau froide. Ajoutez sept gouttes d'huiles essentielles et mélangez. Le produit est prêt à l'emploi…
Il peut également servir à nettoyer vos vitres ou vos miroirs.
Pour l'obtenir en gel, il vous suffit d'y ajouter du savon liquide neutre.

24

LAITS CORPORELS : DU RÊVE À LA RÉALITÉ

L'application d'un lait pour le corps est un moment de bien-être. Une crème procure également un réel apaisement pour les peaux sèches. Hélas, l'effet hydrant est vraiment très provisoire.

Si les laits corporels ne sont pas essentiels pour la santé, ils peuvent apaiser temporairement les tiraillements, voire les démangeaisons d'une peau déshydratée. Nous avons enquêté afin de savoir si les crèmes ne donnent qu'un sentiment subjectif d'hydratation ou si elles agissent efficacement sur la peau.

Nous avons testé des produits afin de voir s'ils étaient à la hauteur de leurs promesses. Nous avons appliqué les crèmes sur les bras et les jambes et avons effectué une cornéométrie après une heure et après vingt-quatre heures pour mesurer l'hydratation de la couche cornée. Nous avons aussi demandé à des sujets d'appliquer des crèmes une fois par jour pendant quinze jours consécutifs pour vérifier ensuite l'effet hydratant.

On parle d'effet hydratant si la différence est supérieure à 20 %. Presque tous les laits testés rétablissent effectivement un bon taux d'hydratation, mais tout au plus pendant l'heure qui suit l'application ! Aucun produit n'a une efficacité de vingt-quatre heures ou plus. Une application quotidienne après la douche ou le bain s'impose.

Si les fabricants ne sont pas avares de promesses, nombre de laits corporels ne les tiennent pas. La promesse fréquente d'hydratation jusqu'à vingt-quatre heures après l'application semble être une fable. Nous n'avons pas constaté de différence significative entre les produits destinés aux peaux sèches et aux peaux très sèches. Les allégations « hypoallergénique » et « testé dermatologiquement » ne sont que des termes marketing sans fondement scientifique. Tous les ingrédients qui composent les produits cosmétiques ont un jour été testés sur des animaux. Prétendre le contraire, c'est tromper le consommateur. L'utilisation de parabènes comme conservateurs a engendré de vives discussions. Or, les méthyl- et éthylparabènes ont pourtant été jugés sûrs par l'Europe. Si un produit est exempt de parabènes, il doit utiliser d'autres conservateurs, dont certains ont fait l'objet de moins d'analyses et offrent donc moins de sécurité.

Trucs & astuces

Bonne nouvelle : le prix n'est pas révélateur de qualité. On relève d'énormes écarts de prix entre les laits corporels. Les produits achetés en pharmacie et en parfumerie sont généralement plus chers que ceux des supermarchés. Or, un prix plus élevé n'offre aucune garantie d'efficacité…

25

HUILES ESSENTIELLES : UNE MAÎTRISE… ESSENTIELLE

Les huiles essentielles sont réputées efficaces dans toute une série de domaines propres à la santé et au bien-être. Mais évitez de tomber dans le piège de « tout ce qui est naturel est bon pour la santé ». Mal dosées ou mal mélangées, ces huiles peuvent avoir des conséquences désastreuses.

5 gouttes d'oranges douces, 5 gouttes de lavande, 3 gouttes de niaouli et 5 d'ylang ylang. Un cocktail censé vous apaiser et vous relaxer lorsqu'il est versé dans un bain chaud. Mais après quelques minutes, vous avez une sensation de brûlure et une peau écarlate comme après un gros coup de soleil. Voilà ce qui arrive quand on joue aux alchimistes !

Ces huiles sont pourtant en vente libre et, souvent, celles et ceux qui vous les vendent ne sont pas toujours informés de leurs inconvénients ni de leur mode d'emploi.

Les risques ? Nausées, vomissements, diarrhée, constipation, relents gastriques, ulcères gastriques, brûlures cutanées. D'autres sont carrément nécrosantes, c'est-à-dire qu'elles peuvent vous perforer la peau. Ou encore photosensibles : exposées à la lumière, elles peuvent entamer un processus qui change la couleur de leur support, votre peau en l'occurrence. Certaines huiles peuvent également être à l'origine de troubles neurologiques.

Vous vous dites : « Moi, je ne risque rien, je ne mets que deux gouttes d'huiles essentielles dans un diffuseur pour que la maison sente bon. » Détrompez-vous ! Certaines d'entre elles sont toxiques par diffusion. C'est le cas du thym, de certains eucalyptus ou de certaines lavandes comme la lavande Aspic.

Conseil

Renseignez-vous auprès des professionnels et consultez la littérature spécialisée.

26

PRODUITS ANTI-MOUSTIQUES : COMMENT BIEN LES CHOISIR ?

Vaporisateurs, autocollants, roll-on, diffuseurs: le marché grouille de produits pour éloigner ou éliminer les moustiques. Et dans cette jungle de produits, il y a les naturels et ceux qui contiennent des agents chimiques. Ils sont souvent plus efficaces mais sont-ils sans danger ?

Parmi eux, le DEET, le Diéthyltoluamide, le principe actif le plus connu. On le trouve dans la plupart des sprays ou des crèmes à appliquer directement sur le corps. Pour qu'il soit efficace, il doit être présent à 30 % au moins dans le produit. Mais si son efficacité a été prouvée, ce composé est aussi au cœur d'une polémique. Une étude a démontré sa toxicité sur les cellules nerveuses des mammifères. Pas sur l'homme… mais c'est suffisant pour semer le doute. Pourtant, en Belgique, les produits qui contiennent des agents chimiques actifs doivent être autorisés par le ministère de la Santé. Ils sont donc contrôlés et sans danger si vous suivez le mode d'emploi de façon appropriée. Le DEET a donc le feu vert des autorités.

Parmi les autres principes actifs, repérez aussi sur les notices la présence d'Icaridine, de Citriodiol ou de Permethrine. Soyez une fois de plus très attentif aux notices d'utilisation. Certaines substances sont déconseillées aux

enfants et aux femmes enceintes. Généralement, il est déconseillé de les appliquer autour des muqueuses.

Les méthodes dites « naturelles », comme les bracelets à appliquer aux poignets ou aux chevilles, n'ont pas fait suffisamment leurs preuves selon les professionnels que nous avons rencontrés.

Trucs & astuces

Fabriquez vous-même votre répulsif ! Il vous faudra 200 ml d'eau, 50 g de cassonade, 1 g de levure et 1 bouteille en plastique.
Coupez en deux la bouteille de plastique. Dans la partie inférieure, mélangez la cassonade avec de l'eau chaude. Une fois le mélange refroidi, ajoutez la levure, qui va créer du dioxyde de carbone. Introduisez ensuite la seconde partie de la bouteille la tête en bas, et enveloppez le tout d'adhésif noir. Placez le dispositif au centre de la pièce. Après quelques semaines, vous serez surpris du résultat en découvrant à l'intérieur une quantité incroyable de moustiques morts.

27

MÉDICAMENTS : PRIVILÉGIEZ LES DCI

DCI ou Dénomination commune internationale. C'est le vrai nom de ces médicaments. Moins chers que les médicaments de marque, ils ne sont pas toujours prescrits par les médecins. À vous de les exiger !

Comprimés effervescents d'Efferalgan, sachets de Doliprane, gélules de Dafalgan, comprimés de Panadol, autant de noms et de conditionnements différents pour un contenu identique : le paracétamol. Un exemple parmi tant d'autres pour comprendre la notion de DCI. Depuis 2005, les médecins peuvent prescrire ces génériques. Malheureusement, tous ne le font pas et la loi oblige les pharmaciens à respecter à la lettre la prescription médicale.

Le problème, c'est que, entre les marques et les génériques, il y a souvent de belles différences de prix. Ainsi, cet antihistaminique bien connu des personnes souffrant d'allergies, le Zyrtec : 5,66 euros la boîte de 20 comprimés. Le générique, Cetrizine, coûte lui 2,83 euros pour le même conditionnement. Autre exemple, un anxiolytique lui aussi bien connu, le Xanax, coûte 12,35 euros la boîte de 50 comprimés. Son générique, l'Alprazolam, coûte lui 8,90 euros.

Cette différence de prix n'est même pas à l'avantage du pharmacien. Sa marge est toujours la même sur un médicament sous prescription remboursé par la mutuelle. Il n'est donc pas de son intérêt de vous vendre un médicament plus cher.

Conseil

Exigez de votre médecin une prescription en DCI.
Si une prescription comporte un médicament de marque, demandez à votre pharmacien son pendant générique. Même si la loi l'oblige à respecter la prescription du médecin, l'office de tarification tolère cet « écart » de conduite pour le bien du porte-monnaie du patient et surtout pour le bien des caisses de la Sécurité sociale.

28

POUDRE À LESSIVER… OU POUDRE AUX YEUX ?

Vous connaissez tous le vieux slogan de la poudre qui lave « plus blanc que blanc ». Il date de l'époque où l'on culpabilisait la ménagère : tout son honneur résidait dans une lessive sans tache ! Aujourd'hui, le message est peut-être plus subtil mais les publicitaires nous vendent toujours des produits de plus en plus miraculeux… Où s'arrêteront-ils ?

Pour vous aider, nous avons fait une expérience que vous n'avez peut-être pas la possibilité de réaliser chez vous. Nous avons acheté trois lessives : un produit blanc, une lessive concentrée et une lessive bio. Des concentrations et des prix différents. Toutes vantent leur efficacité contre les taches. Vous devez mettre trois fois plus de lessive produit blanc que de lessive concentrée, mais la lessive concentrée coûte neuf fois plus cher. Cette différence de prix se justifie-t-elle ?

Notre journaliste a voulu le savoir ; il a donc revêtu trois fois un tee-shirt blanc immaculé sur lequel il a fait couler de la crème chocolat et du ketchup et il y a écrasé une poignée d'herbes bien vertes. La machine de produit blanc lui a coûté 0,13 centimes d'euro ; la super-concentrée, 0,54 centimes, soit quatre fois plus cher ; enfin, la machine bio lui est revenue à 0,61 centimes. À la sortie du linge, il a été bien difficile de voir une quelconque différence. Les taches avaient disparu et le tee-shirt était redevenu immaculé.

Test-Achats a fait la même expérience, de façon plus scientifique. Toutes ces lessives sont aussi performantes sur le linge blanc, leurs différences tiennent dans un mouchoir de poche.

Conclusion, l'aspiration « plus blanc que blanc » qui vous fait tendre la main vers une marque traditionnelle n'est souvent que le résultat du battage publicitaire. À vous de le savoir !

À noter

Remarque de Test-Achats : il s'agit ici de traiter du linge blanc ; pour les détergents couleurs, les différences sont plus marquées.

TÉLÉCOMMUNICATIONS ET INFORMATIQUE

L'INTERNET HYPER RAPIDE, C'EST ICI! TEMPS D'ATTENTE POUR PARLER À L'UN DE NOS OPÉRATEURS: 1H20... MERCI DE PATIENTER...

29

SIX TRUCS POUR ACCÉLÉRER SON RÉSEAU WI-FI

Un réseau sans fil résidentiel fonctionne généralement à 30 % de sa vitesse optimale. En cause, six obstacles. Il suffit de les éliminer !

D'abord, un diagnostic : testez les performances de votre réseau à l'aide d'un utilitaire téléchargeable de type WiFi Coverage ou Heatmapper d'Ekahau. C'est la partie la plus longue du processus.

Le premier ennemi de votre réseau est… celui de vos voisins. Dans un habitat dense, plusieurs réseaux se partagent les mêmes canaux du spectre Wi-Fi. Or, les anciens routeurs de classe « b » et « g » ne fonctionnent qu'en 2.4 GHz. Au contraire des routeurs récents de classe « n », qui peuvent recourir aux bandes de 2,4 et 5 GHz. La solution consiste à acquérir un routeur qui opère simultanément dans les deux fréquences.

Sur les routeurs d'entrée de gamme, le simple fait de renforcer les critères de sécurité (passer du niveau WEP au WPA) peut ralentir le réseau. Pour identifier ce niveau, rendez-vous dans les paramétrages de votre routeur. Si vous ne les trouvez pas, tapez l'adresse IP 192.168.1.1 ou 192.168.1.0 dans votre navigateur internet.

Gare aussi à la multitude des appareils électriques. Téléphones, claviers et souris utilisent pratiquement tous la bande des 2.4 GHz. Essayez donc de privilégier des produits proposant des longueurs d'onde alternatives. Mais c'est de moins en moins facile.

Enfin, le Wi-Fi a horreur de l'eau… qui pourtant constitue près de 75 % de notre corps. Lors d'une méga-fête, le rendement Wi-Fi risque de baisser un peu. Il n'apprécie pas plus la présence des plantes. Le sapin de Noël est donc l'ennemi de votre réseau mais, à moins de le remplacer par un arbre artificiel, nous n'avons pas de solution à vous proposer.

Trucs et astuces

Pour plus d'efficacité, privilégiez les routeurs de classe « n » disposant de plusieurs antennes (deux ou trois).

Si votre réseau Wi-Fi ne peut atteindre une pièce, installez des adaptateurs PLC (Powerline Communication ou HomePlug) qui transmettront les données par le réseau électrique 220V. Ces adaptateurs permettent de recréer un réseau Wi-Fi déporté (voir p. 87-88).

30

TABLETTE NUMÉRIQUE : COMMENT CHOISIR ?

Parmi la forêt des tablettes disponibles aujourd'hui, on peut se sentir bien démuni à l'heure de faire son choix. Petite revue des critères utiles.

D'abord, déterminez votre « écosystème » : Apple, Android ou Windows 8 en fonction de vos habitudes (Outlook, gmail, YouTube, iCloud…). L'iOS de Apple dispose du plus vaste magasin en ligne. Il est aussi le plus fermé aux standards. Android de Google est arrivé avec retard mais, depuis les versions 3.0 et surtout 4.0 (unifiée pour tous les appareils mobiles), le choix devient plus clair. Son magasin en ligne Play Store est très fourni, avec toutefois un bémol au niveau du contrôle de sécurité des applications. Enfin, Windows 8 de Microsoft est le seul OS offrant une double interface pour écran tactile et clavier/souris. D'où la multiplication de PC « convertibles » unissant les deux mondes. Clavier amovible, écran pivotant, systèmes à glissière… L'originalité est au pouvoir. Attention : il faut distinguer Windows 8 (pour processeur Intel) et Windows RT (pour processeur ARM). Si, dans le second cas, l'autonomie est plus grande, il est impossible d'utiliser les anciens logiciels du monde Windows 7.

Autre critère de choix : la taille de l'écran. Le classique 10 pouces est confortable mais peu transportable. D'où l'arrivée des formats 7 et 8 pouces.

La tablette peut avoir un processeur de 1 à 4 « cœurs » (cores). Un distinguo utile si vous travaillez en multitâche. À noter que seuls Android et Windows 8 permettent d'afficher simultanément plusieurs applications.

L'élément différenciateur par excellence est la résolution d'écran. Une fenêtre bon marché de 8 pouces se limitera à 600 x 800 pixels alors que l'écran Rétina du dernier iPad 11 pouces atteint 2 908 x 1 210 pixels. Distingue-t-on la différence ? Pas toujours.

Trucs & astuces

Faites baisser le prix en optant pour la communication Wi-Fi plutôt que 3G si vous n'avez pas l'usage d'une tablette à l'extérieur. Sur Android, il est prudent d'installer un antivirus. Il en existe de nombreux gratuits.

Ne lésinez pas trop sur la mémoire. 16 Go est trop peu, surtout pour le dernier iPad dont les fichiers sont plus encombrants. Le problème se pose moins pour Android et Windows, qui sont équipés de ports USB ou SD standard pour ajouter de la mémoire.

31

CONNEXIONS INTERNET : QUELLE FORMULE CHOISIR ?

En optant pour une formule adaptée à votre profil, vous pouvez économiser beaucoup d'argent sur votre facture internet.

Historiquement, l'accès au Net se faisait via une liaison entre votre ordinateur et la ligne téléphonique classique (ou une ligne ISDN) par l'intermédiaire d'un modem. Cette connexion, appelée aussi « dial-up », est aujourd'hui dépassée et ne compte plus que quelques milliers d'utilisateurs.

L'évolution technologique permet aujourd'hui de disposer de connexions haut débit à Internet. Les deux systèmes principaux disponibles aujourd'hui sont le DSL et le câble. D'autres types de connexions existent, comme le satellite ou le Wimax, mais avec un succès beaucoup plus confidentiel. La Fibre commence elle aussi à être commercialisée et permet des vitesses jusqu'à plus de 100 Mbps ; mais ces connexions sont encore facturées à des prix exorbitants.

Pour se connecter via le DSL, l'ordinateur doit être équipé d'une carte ethernet ou d'un port USB libre pour ceux qui travaillent avec un modem USB. Le modem DSL, placé chez l'utilisateur, scinde en trois la bande passante de la ligne téléphonique : une ligne concerne la téléphonie vocale, une autre l'envoi de données (upload) et une troisième la réception de données (download). Outre Belgacom, il existe des opérateurs alternatifs qui utilisent à divers degrés le réseau de l'opérateur historique. Les fournisseurs DSL proposent généralement un pack comprenant à la fois l'accès au Net et à la ligne mais il n'est pas rare de devoir ajouter le coût de l'abonnement à la ligne Belgacom au prix de l'abonnement internet. Pour une ligne DSL, il faut presque toujours payer un forfait mensuel, quel que soit le temps que vous passiez à surfer. La plupart des fournisseurs limitent aussi le volume mensuel d'échanges de données. Certains fournisseurs ont aussi une limite régionale en fonction de la technologie utilisée (ADSL, VDSL, etc.) ou de l'ampleur du dégroupage de la ligne effectuée par un opérateur alternatif.

Depuis le regroupement des intercommunales belges de télédistribution, trois opérateurs câble proposent leurs services aux consommateurs : Telenet en Flandre, Voo en Wallonie et Numericable dans une dizaine de communes bruxelloises (Telenet et Voo se partageant les autres communes de la capitale).

La connexion par le câble diffère totalement de la connexion ADSL. Elle se fait non pas par une ligne téléphonique en cuivre mais par un câble coaxial. Pour accéder à Internet, il faut installer un modem câble et l'ordinateur doit disposer d'une carte ethernet. Le modem permet d'envoyer simultanément sur le câble des signaux TV, radio, Internet et téléphone. En pratique, les fournisseurs proposent plusieurs formules assorties de volumes et vitesses d'upload (envoi) et de download (téléchargement) différents.

Le montant de l'abonnement mensuel varie grosso modo de 25 à 50 euros en fonction de ses caractéristiques techniques. Autrement dit, plus la vitesse maximale et le volume autorisé sont élevés, plus l'abonnement est cher. Des coûts supplémentaires peuvent éventuellement survenir, pour la location du modem par exemple. Si vous utilisez principalement votre connexion pour échanger des emails, surfer sur le Web, faire du PC banking et quelques téléchargements (MP3, clips vidéo, etc.), une formule haut débit d'entrée de gamme (25 euros) suffira amplement. À l'autre extrême, des formules avec téléchargement (quasi) illimité existent à hauteur de 50-70 euros par mois. Pour le reste, le choix entre les différentes formules dépend surtout de la vitesse et du volume mensuel que vous souhaitez atteindre. La vitesse de surf peut varier considérablement selon le fournisseur et l'abonnement : généralement de 1 à 30 Mbps, et jusqu'à 100 Mbps pour les plus rapides. Cette vitesse indique dans quelle mesure l'utilisateur peut rapidement collecter des informations sur Internet. Elle dépend à la fois de la rapidité avec laquelle s'établit la connexion vers le site, et de la vitesse de téléchargement. Mais attention, ces vitesses sont théoriques. La vitesse réellement ressentie dépendra de la distance entre le domicile du client et la centrale Belgacom pour la technologie DSL et du nombre de personnes surfant en même temps sur la même portion de câble chez les cablo-opérateurs. Notez enfin que la qualité du helpdesk peut varier en fonction du fournisseur d'accès (temps d'attente, qualité des solutions apportées, etc.) et que la facturation ne se passe pas toujours sans problème (double facturation, montant incorrect…).

Surfer n'importe où avec son GSM ou son ordinateur devient possible : le réseau GSM se met au service du Net. La connexion n'est plus liée à un point fixe comme pour l'ADSL et le câble mais passe par les réseaux des opérateurs GSM. Un système qui offre une alternative sérieuse aux connexions fixes, bien que le prix et parfois la rapidité soient encore les points faibles. De plus en plus performants, les réseaux GSM permettent aujourd'hui de surfer sur le Net à une vitesse qui peut aller jusqu'à celle d'une connexion internet fixe, c'est-à-dire environ 7,2 Mbit/seconde. Aujourd'hui, les réseaux dits « évolués » (3G et plus) sont devenus assez puissants pour transporter des données bien plus lourdes – MMS, jeux, Internet, vidéos…

La carte SIM devient l'accès au Net. L'Internet mobile est accessible sur GSM et sur ordinateur. Dans le premier cas, votre carte SIM actuelle suffit pour vous connecter sur le Web. Via l'ordinateur, il vous faudra acheter un modem USB et une carte SIM spéciale fournie par l'opérateur. De fait, la carte SIM utilisée dans un modem USB est spécifique et n'est pas interchangeable avec celle d'un GSM.

Trucs & astuces

En termes de prix, via votre GSM, les tarifs facturés au Mb ou à la minute reviennent vite très cher. Mieux vaut éviter cette formule. Et, pour votre ordinateur, les formules prépayées ne sont jamais les plus avantageuses. Mieux vaut vous tourner vers les abonnements. Bien sûr, dans les deux cas, veillez à vérifier régulièrement votre consommation afin d'éviter les mauvaises surprises lorsque vous recevrez votre facture.

Enfin, la tarification à l'étranger pratiquée par les opérateurs est prohibitive et varie entre environ 3 euros/Mb et plus de 16 euros/Mb hors frontières européennes. Pour une utilisation dans l'Union européenne, les prix ont été légèrement adoucis grâce au règlement sur le roaming. En 2012, un plafond a été imposé aux opérateurs, avec un maximum de 0,70 euros/Mb (HTVA). Ce plafond continuera à descendre à 0,45 euros/Mb en 2013 et 0,20 euros/Mb en 2014. Malgré ces baisses de prix en Europe, les tarifs restent prohibitifs et empêchent d'utiliser sans crainte l'Internet mobile à l'étranger. L'utilisation de ces connexions est donc à proscrire…

32

ALLÔ ? HELLO ! PRONTO ? DIGA ?

Communications téléphoniques de ou vers l'étranger : haro sur les factures qui explosent ! Mais, par décision européenne, chaque année, le 1er juillet, le coût des communications internationales est réduit de quelques centimes. Autant en profiter.

Gare à l'itinérance des données (« roaming data ») ! Au sein des 27 États-membres, lorsque vous traversez une frontière, votre opérateur doit vous envoyer un SMS d'information sur les tarifs et bloquer l'utilisation de l'itinérance de données à l'étranger (surf, échange de courrier) lorsque le montant dépensé dépasse 50 euros (HTVA). Un SMS d'information vous est envoyé lorsque sont atteints les paliers de 75 % et 100 % de ce montant. Et, depuis 2012, ce blocage automatique s'étend au monde entier. Bien sûr, l'internaute peut demander de débloquer le service d'itinérance de données mais le but est d'éviter le « bill choc » que subissent les vacanciers en découvrant à leur retour une facture de téléphone qui dépasse parfois les mille euros.

Autre nouveauté : la limitation du tarif de « *roaming data* ». Aucun tarif ne peut être supérieur à 70 centimes (HTVA) par mégaoctet (en Europe). Et le prix baissera fortement en juillet 2013 et 2014 pour descendre successivement à 45 puis 20 centimes le mégaoctet.

En toutes circonstances, donnez la préférence aux forfaits data (parfois des forfaits vacances) proposés par les

opérateurs. Surfer à l'étranger sans forfait, sur base de l'abonnement vocal, peut coûter très cher.

Et qu'en est-il des communications ? Pour un appel passé depuis son téléphone portable lorsqu'on se trouve à l'étranger, le prix maximum de 29 centimes la minute passera à 24 (juillet 2013) puis à 19 cents (2014). Pour un appel reçu à l'étranger, le prix maximum passera de 9 cents la minute aujourd'hui à 8, puis 6 cents en 2014. Enfin, les SMS envoyés depuis l'étranger passeront de 9 à 8 centimes (juillet 2013) et 6 centimes (2014). Quant aux SMS reçus à l'étranger, ils sont gratuits.

Trucs & astuces

Rassurez-vous, il existe des trucs pour communiquer moins cher à l'étranger… Se faire appeler plutôt que d'appeler soi-même (celui qui vous appelle s'en tire au prix d'une communication locale), et/ou communiquer par SMS.
Retenez qu'en moyenne, un Mo représente 50 pages web, 100 mails (sans fichier attaché) ou 1 000 « chats ».

33

VRAIMENT GRATUITS, LES LOGICIELS LIBRES ?

Le logiciel libre (ou « Open Source ») peut être modifié et amélioré sans autorisation préalable. Chacun peut l'utiliser, le télécharger et le distribuer. Tout cela gratuitement.

Dans ce contexte, le code source appartient aux communautés des développeurs/utilisateurs représentées par des fondations garantes du respect de cette licence gratuite.

C'est le contraire du logiciel dit propriétaire, dont le code source – la « recette » – est tenu secret. Mais il existe aussi des logiciels propriétaires gratuits : les applis que vous téléchargez, ou Skype, par exemple. De même, depuis quelque temps, les logiciels propriétaires Word et Excel sont fournis gratuitement sur les nouveaux ordinateurs. Et cela grâce à la concurrence des logiciels Open Source.

Dans le monde mobile, Android est Open Source mais de plus en plus fermé par chaque opérateur. Il existe un OS mobile libre : « Boot for Gecko », porté par la Fondation Mozilla.

Le frein à l'Open Source est que de tels logiciels posent des problèmes de compatibilité avec les environnements propriétaires. Mais cette critique est largement dépassée.

Trucs & astuces

Astuce 1
Les deux logiciels libres les plus connus sont le navigateur Firefox et la suite bureautique OpenOffice.org (et sa sœur LibreOffice) qui représentent 15 % des suites bureautiques.

Astuce 2
Envie de changer de système d'exploitation ? Parmi les différentes distributions Linux figure Ubuntu, qui remplit les mêmes fonctions que Windows.

Astuce 3
Pour découvrir des logiciels libres et le plus souvent gratuits, voici une bonne adresse : Framasoft.net. On y trouve tous les types d'applications pour les différents systèmes d'exploitation (Windows, Linux...).

Astuce 4
Et si l'on veut se faire rembourser le système d'exploitation « imposé » par un fabricant sur son nouvel ordinateur ? Certains constructeurs ont une procédure de remboursement (à voir sur leur site) mais elle est très administrative, longue et peu rentable : le remboursement est de quelques dizaines d'euros et la garantie n'est plus valable. Apple, pour sa part, n'accepte que son propre système d'exploitation OS X.

34

POWERLINE : L'AUTRE RÉSEAU SANS FIL

Vous n'aimez pas le Wi-Fi ? Essayez donc le CPL (Courant porteur en ligne) qui permet de créer un réseau en utilisant le câblage électrique de votre domicile.

Chaque prise devient un port de connexion pour ordinateur, console, modem, caméra… à condition d'y placer un adaptateur. L'étendue du réseau est de sept à huit terminaux maximum et sa frontière est délimitée par votre compteur électrique au-delà duquel le réseau CPL ne fonctionne pas. Pour connecter le réseau sur Internet, il suffit de brancher également le modem ou le routeur sur un adaptateur.

L'avantage de ce réseau est de pouvoir desservir absolument toutes les pièces de la maison. Il existe même des adaptateurs capables de recréer une zone Wi-Fi déportée dans une pièce qui en serait dépourvue. Le CPL devient alors complémentaire du réseau Wi-Fi existant.

Par contre, la mobilité est réduite par la nécessité de connecter le terminal (PC Windows ou Linux, Mac, console de jeu, disque, télévision…) à l'adaptateur via un câble d'un mètre. Et, surtout, chaque adaptateur coûte de 25 à 40 euros pièce.

Les adaptateurs consomment 5 W en moyenne mais les nouvelles générations se mettent automatiquement en mode sommeil pour réduire la consommation par trois. En 2013, le mode « stand by » passera à 0,5 W. Et c'est le cas pour les nouveaux modules les plus rapides à 500 Mb/s.

Trucs & astuces

On conseille de ne pas placer un adaptateur sur une multiprise pour éviter une dégradation importante du débit. À l'inverse, pour conserver l'usage des prises, il existe des adaptateurs dotés d'une prise gigogne.
Mieux vaut acheter les adaptateurs par boîtes de deux ou trois unités.
Optez pour les dernières normes, appelées 200 et 500 Mbps. Les modèles de 14 et 85 Mbps sont trop lents.
Si le réseau est triphasé, il faudra installer un coupleur de phase, car les appareils situés sur des phases différentes risquent de ne pas se reconnaître.
Certains décodeurs télé interdisent à l'adaptateur PLC de se mettre en stand by. Par économie, il est conseillé d'éteindre le décodeur également.
Les adaptateurs des différentes marques sont compatibles entre eux.

35

TÉLÉCHARGER EN TOUTE LÉGALITÉ ? PAS SÛR !

Vous avez téléchargé sans payer de droits des fichiers à partir des plates-formes Kazaa et eMule. Quels sont les risques ?

Le téléchargement à partir de plates-formes de partage de fichiers n'est pas illégal en soi ; mais si vous n'êtes pas certain que les fichiers que vous voulez télécharger sont libres de droits ou couverts par une licence en exemption de redevance (licences « Creative Commons » ou œuvres tombées dans le domaine public), vous courez le risque d'enfreindre la législation sur le droit d'auteur.

Les logiciels peer-to-peer (P2P) permettent aux internautes d'échanger gratuitement des fichiers, sans passer par un serveur centralisé. Faites dès lors attention lorsque vous partagez des œuvres protégées par le droit d'auteur. Il a pour objet de protéger les intérêts des auteurs mais aussi de diffuser plus largement les œuvres artistiques et intellectuelles. Si vous proposez un téléchargement d'une œuvre (musicale, audiovisuelle, etc.) dont vous n'êtes pas détenteur de droits, ou si vous la partagez sans l'autorisation de l'auteur, vous le faites à vos risques et périls : vous vous exposez à des sanctions pénales et civiles, même si ces opérations n'ont pas été effectuées pour un usage commercial.

Les sanctions pénales sont lourdes : des amendes de 500 à 500 000 euros et, en cas de récidive, une peine de prison de trois mois à deux ans et/ou une amende de 500 à 500 000 euros. Au plan civil, des sanctions peuvent être infligées sous forme de dommages et intérêts ou d'injonction, ordonnant de mettre un terme au comportement qui enfreint la loi. Les actions sont le plus souvent intentées par des sociétés de gestion collective des droits d'auteur.

Trucs & astuces

En résumé, vous pouvez par exemple faire une copie de votre CD préféré pour l'écouter sur votre ordinateur. En revanche, il vous est interdit de rendre une copie disponible d'une œuvre protégée à travers un système d'échange de fichiers (réseaux peer-to-peer) ou sur un site web, ou encore de l'envoyer par courrier électronique, sans autorisation de l'auteur ou du producteur, sous peine de poursuites judiciaires. En effet, vous pourrez difficilement faire valoir la notion de « cercle de famille », dès lors que tous les fichiers musicaux se trouvent dans un dossier ouvert à toutes les personnes ayant téléchargé le logiciel. La copie n'est donc pas réalisée uniquement dans un but privé. Il faut donc veiller à ne glisser dans le répertoire dont vous mettez le contenu à la disposition d'autres utilisateurs d'un réseau P2P que les fichiers libres de droits, ou dont vous êtes vous-même l'auteur. Dès lors, avant de télécharger un fichier gratuitement, vérifiez sa provenance et essayez de savoir s'il fait l'objet d'une licence CC ou s'il fait déjà partie du domaine public.

36

POUR LE NET ENFANTS ADMIS

Utiles, les logiciels de contrôle parental ? Non, indispensables !

Ces outils permettent de contrôler ce que font les enfants sur la Toile. De voir à quel type de site ou de réseaux ils accèdent, quand et à quelle fréquence.

Ces logiciels permettent par exemple d'autoriser l'usage de Facebook de 18 à 19 h et d'interdire l'usage de la console de jeux en semaine.

On peut aussi activer des filtres automatiques pour bloquer les sites d'adultes ou incitant à l'anorexie, au suicide ou à l'automutilation.

Ces logiciels sont accessibles à plusieurs niveaux.

D'abord depuis le navigateur internet, qui permet d'en contrôler une partie du contenu. Pour cela, vous devez vous rendre dans les paramètres et les options internet de votre navigateur pour y interdire certains contenus (violence, armes, sites pornographiques…) : il en existe toute une liste.

Ensuite auprès des fournisseurs d'accès internet (Skynet, Telenet, Scarlet, Voo…). Si certains proposent cette protection, les stratégies sont très différentes et il faut consulter le site de votre opérateur pour obtenir l'information.

Puis viennent les « suites de sécurité » qui, en plus de l'antivirus, offrent des solutions de contrôle parental.

Enfin, il existe des logiciels spécialisés que l'on peut télécharger.

Y a-t-il un âge minimum pour accéder au Net ? Le sociologue Serge Tisseron suggère de respecter la règle du 3, 6, 9, 12.

- Pas d'écran avant 3 ans.
- Pas de console de jeu personnelle avant 6 ans.
- Pas d'Internet, même accompagné, avant 9 ans.
- Et pas d'Internet seul avant 12 ans.

Trucs & astuces

Pour connaître les meilleurs logiciels de contrôle parental, consultez l'enquête européenne EUKidsOnline qui publie un véritable classement selon quatre tranches d'âge, en tenant compte des caractéristiques de chaque logiciel (facilité d'utilisation, sécurité, prix...).
Ce site propose même un questionnaire à choix multiple permettant de trouver le meilleur logiciel de contrôle parental en fonction du type d'ordinateur, de l'OS et de la langue.
Tout est accessible sur un site de la Commission européenne : www.sipbench.eu

37

VOUS REPRENDREZ BIEN QUELQUES « COOKIES » ?

La publicité interactive fleurit sur Internet. Mais les cookies en savent long sur vous, et ils parlent !

On connaît les célèbres biscuits indissociables du tea time. Délicieux et inoffensifs. Mais « notre » cookie est un petit fichier qui, lors de la première connexion à un site web, conserve sur l'ordinateur les informations concernant le système d'exploitation, la taille de l'écran, la langue de prédilection, etc. Vu sous cet angle, le cookie fait gagner du temps lors des connexions suivantes. Mais au-delà, l'internaute se transforme en « profil » dont chaque site connaît le comportement. Et ces profils (anonymes) sont revendus à des annonceurs publicitaires.

Les scénarios sont nombreux. Vous désirez acheter un téléviseur en ligne mais, après l'avoir déposé dans votre « panier virtuel », vous vous ravisez et ne finalisez par la vente ; pourtant, l'annonceur le voit et pourrait aisément faire apparaître une bannière publicitaire sur un autre site que vous fréquentez pour afficher le même téléviseur avec, par exemple, une réduction de prix de 5 %. Cette pratique s'appelle le « *retargeting* ».

Mais l'annonceur peut être plus pervers encore. Sur le site d'une compagnie aérienne, vous trouvez des places à 100 euros pour Madrid. Il en reste vingt. Vous en parlez le soir à votre épouse, qui est enchantée. Bizarrement, lorsque vous retournez sur le site, il reste deux places (ouf!)… mais à 150 euros. Et vous les achetez de peur que d'autres ne s'en emparent. En réalité, les cookies vous ont identifié et créent une fausse pénurie pour vous pousser à un achat rapide.

Pour retrouver les tarifs les moins chers, il suffit de limiter, voire d'interdire l'usage des cookies. Dans le menu Outils de votre navigateur, lancez Options Internet, puis cliquez sur l'onglet Confidentialité, puis sur Avancé. C'est là que vous pourrez accepter les cookies ou les refuser.

Trucs & astuces

Les navigateurs ont maintenant un mode de surf privé (Inprivate), qui en efface le contenu (et donc les cookies) à la fermeture du programme. Ce qui vous mettra à l'abri des compagnies aériennes qui tentent de vous arnaquer.
Dans Internet Explorer, vous trouverez la navigation « Navigation inprivate » sous l'onglet Outils.
Autre possibilité : supprimer tous les cookies manuellement. Pour ce faire, utilisez la fonction « Effacer les données de navigation » qui se trouve généralement dans l'onglet Outils des navigateurs.

38

SOURIEZ, VOUS ÊTES FILMÉ !

Installer une caméra de surveillance, est-ce bien légal ? Oui, même si l'on ne peut pas faire tout et n'importe quoi. Et c'est la Commission de la protection de la vie privée qui est chargée de contrôler la légalité de ces caméras.

La loi belge distingue les lieux ouverts (voie publique, rues…), les lieux fermés mais accessibles au public (magasins, guichets des banques) et les lieux fermés non accessibles au public (logement, bureaux).

Si vous installez une caméra chez vous pour ne filmer que votre propriété (les pièces, la cour ou le jardin), aucune déclaration n'est nécessaire. En revanche, il vous est interdit de filmer la rue et plus encore d'orienter une caméra vers la fenêtre d'un voisin. Ce qui est pourtant l'infraction la plus souvent constatée par la Commission de contrôle.

Ce que l'on sait moins est que vous êtes tenu d'informer les personnes qui entrent chez vous de la présence d'une caméra. Apposez un pictogramme placé (par exemple) dans le hall d'entrée pour prévenir vos invités, la personne chargée du ménage ou la baby-sitter. Si la caméra de surveillance contrôle le hall commun d'un immeuble, la copropriété doit également donner son accord.

Cette réglementation ne concerne pas les systèmes de vidéo-parlophonie qui ne fonctionnent que lorsqu'on appuie sur la sonnette.

Dans un lieu public comme un magasin, une simple déclaration à la Commission de la vie privée suffit. Elle doit se faire au moyen de formulaires disponibles sur le site www.privacycommission.be.

Quant à l'entreprise non accessible au public, elle ne doit pas déclarer les caméras mais le personnel doit être informé du but de la surveillance, de l'emplacement des caméras et des périodes durant lesquelles elles fonctionnent.

Trucs & astuces

Il existe de nombreux modèles de caméras, y compris parmi les marques d'accessoires IT. Il est prudent de ne pas mélanger les produits de marques différentes dans un même système, sous peine de devoir utiliser des interfaces différentes pour chaque caméra. C'est vrai surtout pour les commandes effectuées depuis un smartphone.Il existe aussi des caméras extérieures factices pour effrayer les maraudeurs.

39

CHERCHEZ BIEN, CHERCHEZ MIEUX !

Une recherche en toute indépendance ? Un idéal à atteindre pour les scientifiques, une parfaite utopie pour les internautes… ou quand votre moteur de recherche vous propose des réponses sponsorisées.

Lorsque vous effectuez une recherche sur Google, vous espérez recevoir des liens naturels (« organiques ») en fonction de leur pertinence. Car vous savez que les liens sponsorisés (financés par des annonceurs) sont réunis dans la colonne située à la droite de l'écran. Pourtant, en Belgique, un tiers des internautes ignorent ce distinguo.

Et surtout, seuls 25 % d'entre eux savent que les trois résultats de tête de la liste des résultats principaux peuvent aussi être poussés par la publicité. Du moins pour les recherches qui relèvent du « transactionnel » (la recherche d'une marque ou d'un type de produit). Ce que pratiquement personne ne sait, c'est que le dernier résultat de la première page peut aussi être un lien sponsorisé renvoyant vers un annonceur.

La technique publicitaire créée par Google est celle de Adword. Par un système d'enchères, les annonceurs paient un certain montant pour un mot clé (par exemple « vacances »). Celui qui paie le plus cher est placé en haut de la liste. Chaque fois qu'un internaute fait une recherche sur ce mot clé et clique sur le lien, l'annonceur verse à Google le montant convenu.

Un test réalisé après une requête d'assurance automobile montre que les clics se concentrent très clairement sur les six premiers résultats de la colonne principale. Or, dans ce cas, les trois premiers des liens sont publicitaires. On remarque également un nombre important de clics sur le dernier lien de la page… peut-être publicitaire, lui aussi.

Une autre nouveauté est l'indexation automatique des catalogues-produits. Si vous faites une recherche sur un bien de consommation, le lien du revendeur peut aussi n'apparaître dans la liste des résultats que si cette référence est de stock ! Ou les produits de stock seront crédités d'une livraison gratuite. Souriez, vous êtes pisté !

Conseil

Dans la liste des résultats d'une requête sur Google, observez s'il y a un fond légèrement coloré. Si oui, le lien est non pas organique mais publicitaire.

40

SMS : À CARACTÈRES SPÉCIAUX, PRIX SPÉCIAUX...

Des SMS facturés trois ou quatre fois alors que vous n'aviez pourtant rédigé qu'un seul message ? La faute à certains caractères qui prennent beaucoup de place... mais alors vraiment beaucoup. On les appelle les caractères spéciaux.

Un SMS compte 160 caractères sauf quand vous utilisez un caractère spécial qui fait passer le compteur de 160 à 70 unités. Résultat: plus vous employez ces caractères dits spéciaux, plus votre message texte vous coûtera cher. Démonstration :

Je vous souhaite un joyeux Noël ainsi qu'à votre famille. Ce message vous coûtera deux SMS, le « ë » étant un caractère spécial. Le même message avec le mot « noel » mal écrit vous permettra de disposer de 160 caractères et même d'allonger vos vœux. Écrire correctement, c'est donc payer plus cher !

Il ne s'agit pas d'une tentative d'arnaque des opérateurs. Mais d'un problème technique propre aux codages internationaux des téléphones.

Les caractères à éviter sont : d' l' t' â ê î ô û ë ï À È ç œ

Conseil

Astuce 1
Quand votre GSM le permet, désactivez la prise en charge des caractères accentués ou l'unicode.

Astuce 2
Désactivez les correcteurs orthographiques. Ils intègrent automatiquement tous ces caractères spéciaux.

Astuce 3
Expliquez à votre entourage que vos messages truffés de fautes tiennent plus à des raisons économiques qu'à une soudaine désinvolture orthographique.

41

SONNERIE DE GSM TROP COURTE : COMMENT Y REMÉDIER ?

Votre GSM sonne et vous avez l'impression que votre interlocuteur tombe très vite sur votre messagerie ? Ce n'est pas une impression, c'est même un gros business !

En Belgique, la durée d'une sonnerie de GSM est de 15 secondes avant la prise en charge de l'appel entrant par le répondeur. Soit 25 secondes de moins que dans les autres pays européens. Conséquence : vous décrochez souvent trop tard. Votre interlocuteur se voit donc facturer à la minute le message qu'il vous laisse. Et, à votre tour, vous payez quand vous tentez ensuite de le rappeler. Une perte de temps mais surtout une perte d'argent. Comment dès lors allonger ce délai de sonnerie ?

Inutile de fouiller dans le mode d'emploi de votre téléphone portable : la manœuvre est du ressort de l'opérateur. Si vous êtes abonné, vous pouvez lui demander 15 secondes de plus pour décrocher, soit 30 secondes.

Pour modifier ce délai pour les cartes prépayées à recharger, il vous suffit d'introduire à l'aide de votre clavier le code propre à chaque fournisseur et d'appuyer ensuite sur la touche « envoi » (touche d'appel) de votre GSM.
Chez Proximus : **61+32475151515**30#
Chez Mobistar : **61*+32495955555**30#
Chez Base : **+32486191933**30#

Ce petit délai supplémentaire devrait vous éviter bien des surcoûts…

Conseil

Allonger le temps de sonnerie, c'est éviter de se faire pigeonner !

42

SYSTÈMES D'ALARME : COMMENT ÉVITER LES PIÈGES ?

« Cela n'arrive qu'aux autres... » C'est ce que se disait aussi un membre de notre équipe avant d'être cambriolé. Pourtant, chaque jour, 163 vols sont commis dans des habitations en Belgique. La parade ? Un bon système d'alarme. Mais pas n'importe lequel : vous pourriez vous sentir « volé » une seconde fois.

Les magasins de bricolage proposent déjà des systèmes à moins de 10 euros. Il s'agit de capteurs à piles qui se placent derrière les fenêtres. En cas de crochetage du châssis, méthode souvent utilisée, un signal sonore se déclenche. Il suffit au cambrioleur d'appuyer sur l'interrupteur off pour arrêter l'alarme. Trop rudimentaire.

Il existe aussi dans ces grandes surfaces des kits de base dont les prix varient de 60 à 700 euros. Des kits à installer soi-même assez efficaces car dotés de capteurs de mouvements, d'une sirène et d'un boîtier électronique qui contrôle le tout.

Problème : ces kits ne sont pas agréés Incert. Et ce n'est pas qu'un détail. Il s'agit d'un label de qualité décerné aux installateurs professionnels. Ce label vous permet d'obtenir une déduction fiscale pouvant aller jusqu'à 690 euros. Un label exigé par de nombreuses compagnies d'assurances. Autant dire que, sans lui, en cas de cambriolage, vous pouvez dire adieu aux indemnités.

Ce label, les pros de l'alarme vous le proposent systématiquement. Mais attention aux différences de prix, énormes d'un installateur à l'autre.

Conseil

Évaluez vos propres besoins. Si trois capteurs de mouvements permettent de couvrir les points stratégiques de votre habitation, évitez les surplus non nécessaires qui font grimper la note.
Comparez les prix et ne signez pas avec le premier venu.
Chaque système placé par un professionnel doit être entretenu une fois par an, c'est une obligation légale. Or, le prix de cet entretien peut varier du simple au double.

43

MOT DE PASSE : MA CLÉ VIRTUELLE EST-ELLE SÛRE ?

L'intérêt des pirates informatiques pour les données personnelles n'est plus à démontrer. L'actualité récente confirme cette tendance. Une occasion de revenir sur la sécurité de vos mots de passe.

C'est en effet l'arrestation d'un « *carder* » qui a permis de mettre en évidence la négligence de nombreux utilisateurs.

Tout d'abord, une explication au sujet du *carding*. Ce terme désigne l'activité de piratage liée aux données de cartes bancaires et plus particulièrement aux données qui figurent sur la piste magnétique de ces cartes.

L'enquête sur ce pirate a permis de mettre en évidence qu'il avait récupéré de nombreuses informations en accédant à des serveurs hébergeant les données d'utilisateurs de sites web.

Parmi ces données, les adresses mail et les mots de passe associés aux sites visités, sites qui utilisaient cette adresse mail comme identifiant.

Le problème, c'est que de nombreux visiteurs utilisent le même mot de passe que celui dont ils font usage pour tous leurs accès à des services en ligne et donc bien sûr pour l'accès à leur compte de courrier électronique.

En visitant la boîte de réception, le pirate peut ainsi prendre connaissance de très nombreuses informations personnelles. L'occasion de vous rappeler que votre mot de

passe est votre clé d'accès virtuelle et qu'il doit être construit très solidement.

Ceci répond d'ailleurs à la préoccupation de très nombreux utilisateurs d'Internet qui se demandent comment construire un mot de passe résistant. Tout d'abord, un constat : nous sommes encore trop nombreux à choisir la facilité.

Plus d'un quart d'entre nous optent pour un prénom, celui des enfants ou celui du chien. Certains utilisent leur numéro de téléphone ou une combinaison autour de leur date de naissance. Viennent ensuite les simples suites de caractères comme azerty ou 123456.

Trucs & astuces

Si vous devez composer un mot de passe, préférez un mélange de lettres en minuscule et en majuscule. Ajoutez-y un chiffre de votre choix et terminez par un symbole comme celui de l'euro par exemple. Et vérifiez que votre mot de passe comporte au moins huit caractères. Vous pouvez aussi choisir une phrase que vous pourrez mémoriser sans difficulté et dont vous prendrez la première lettre de chaque mot. Si vous voulez tester votre mot de passe sans risque, visitez ce site : http://tools.cases.lu/pwdtest

44

ACHETER UN ANTI-VIRUS ? UNE ÉVIDENCE ! MAIS LEQUEL ?

L'évolution permanente des services sur Internet permet aussi aux pirates de vous piéger. D'où l'intérêt de disposer d'un programme antivirus toujours parfaitement à jour qui pourra détecter la signature du logiciel malveillant qu'une application essaye d'exécuter sur votre machine. Mais comment le choisir ?

Les langages de programmation de type Java et Active Xtechnologies apportent des fonctionnalités supplémentaires à votre navigateur internet. Elles vous permettent de télécharger automatiquement (et, souvent, de façon invisible) un code exécutable à partir d'Internet. Une fois téléchargé, ce code s'exécute lui aussi automatiquement sur votre ordinateur. Et c'est ainsi que vous pouvez par exemple visionner une vidéo en ligne ou encore jouer avec des applications sur Facebook. Profitant de ces applications, les cybercriminels vont leur donner comme instruction d'installer un logiciel malveillant en générant des messages qui vous inviteront à procéder à une mise à jour. À ce niveau, la concurrence est vive et l'évolution, permanente. En effet, les logiciels malveillants ont évolué. Il y a quelques années, ils étaient souvent destructeurs. Aujourd'hui, ils sont surtout devenus des voleurs d'informations ou cherchent à faciliter l'accès à votre ordinateur. Et, là aussi, il importe de les différencier en fonction de leur mode de propagation.

C'est ainsi que vous pourrez rencontrer des logiciels malveillants orientés sur les programmes, sur le courrier électronique, les documents ou les sites web. Un conseil dès lors : mieux vaut faire confiance aux laboratoires professionnels qui testent régulièrement la fiabilité et les performances des antivirus. En tapant les mots clés « tests » « antivirus » dans un moteur de recherche, vous serez dirigé vers de multiples résultats. Vous pourrez ainsi prendre connaissance des choix de plusieurs laboratoires mais également de la méthodologie utilisée. En effet, en fonction de celle-ci et de l'usage de votre ordinateur, vous pourrez décider de la solution qui convient le mieux à vos habitudes de navigation notamment.

Trucs & astuces

En terme de lisibilité de résultats, notre préférence va au site du laboratoire Top Ten Reviews (www.toptenreviews.com). Vous choisissez la rubrique Software, ensuite Security-privacy et vous pouvez parcourir les résultats en fonction du type de logiciels recherchés.

45

CHOISIR SON OPÉRATEUR DE TÉLÉPHONIE MOBILE : CONSEILS PRATIQUES

Trop peu volage, le Belge manque de belles occasions de réduire sensiblement sa facture de GSM. Telle est l'une des conclusions de Test-Achats, au terme d'une enquête de satisfaction relative aux opérateurs de téléphonie mobile.

Environ 93 % des Belges possèdent un GSM et la plupart restent fidèles à leur opérateur. Neuf sur dix ont opté pour l'un des trois grands opérateurs. Un choix qui, manifestement, n'est pas toujours le plus avisé puisqu'il profite surtout aux dits opérateurs, plus chers. Test-Achats a fait le calcul : nous pourrions réduire notre facture mensuelle de moitié, en moyenne, en choisissant la formule tarifaire la plus adaptée à notre profil d'utilisateur. L'utilisateur moyen paie 25,60 euros par mois, l'économie potentielle s'élève à 13 euros – soit tout de même 156 euros par an et par personne. Si l'on extrapole à l'ensemble des utilisateurs belges âgés de 18 à 65 ans, on obtient une économie totale annuelle de 982 millions d'euros.

Définir correctement ses besoins et son profil d'utilisateur est primordial pour bien choisir la formule tarifaire.

Voici quelques conseils pour ne pas se tromper.

Posez-vous les questions suivantes : combien de minutes vais-je téléphoner par mois ? Combien de SMS vais-je envoyer par mois ? Vers quels réseaux mes appels sont-ils dirigés ? Quelle est la répartition de mes appels entre heures creuses et pleines ?

Utilisez les modules et calculateurs mis à votre disposition sur notre site pour répondre correctement à ces questions, identifier vos besoins et trouver l'offre la plus intéressante.

De manière générale, les cartes prépayées comme Allo RTL, Carrefour Mobile, Aldi Talk, Mobile-plus (Delhaize) sont parmi les plus intéressantes si vous êtes un utilisateur léger ou moyen. Quoique plus chères, elles peuvent encore constituer une bonne alternative pour une utilisation élevée grâce à leur caractère flexible, sans contrat.

Les offres de Proximus et Mobistar sont rarement parmi les plus intéressantes. Mieux vaut analyser le marché afin de voir s'il existe des offres alternatives plus convaincantes.

Les promotions sont souvent liées à des contrats à long terme (18 à 24 mois), ce qui tend parfois à annuler leurs avantages à la fin du contrat.

Les opérateurs sont légalement obligés d'informer leurs clients au moins une fois par an de l'offre la plus intéressante pour leur utilisation. N'hésitez pas à solliciter cet avantage.

Si vous souhaitez changer d'opérateur, vous bénéficiez de la portabilité de votre numéro. Vous pourrez donc garder le vôtre quel que soit l'opérateur choisi.

N'oubliez pas de vérifier les obligations découlant des contrats en cours comme le type de contrat. Après six mois, vous êtes libre de quitter votre opérateur sans frais.

Les offres couplées ne sont pas toujours plus intéressantes. Comparez toujours le prix total de l'offre combinée (totalité du contrat) avec l'achat du GSM « nu » et la formule la plus intéressante.

Conseil

Utiliser votre GSM à l'étranger reste coûteux. Les minutes d'appels sont plus chères et mieux vaut parfois acquérir une carte SIM du pays dans lequel vous résidez ou remplacer les appels par des SMS. À noter également que vous devez payer pour recevoir un appel lorsque vous séjournez à l'étranger. L'utilisation du transfert de données (surf sur GSM par exemple) est à proscrire.

46

COMMENT CHOISIR LES ÉCOUTEURS DE SON APPAREIL MOBILE ?

Si l'on croit que les oreillettes fournies d'origine sont excellentes, c'est tout simplement parce que toute comparaison est impossible. Mais, pour réduire le prix du produit, la qualité sonore est faible et l'isolation, souvent médiocre.

Les systèmes audio se répartissent en trois catégories : les casques, les écouteurs classiques et les écouteurs intra-auriculaires.

Le casque est plus volumineux mais offre une meilleure qualité sonore. Il faudra choisir entre les casques supra-oraux et circum-oraux. Les premiers se posent simplement sur le pavillon alors que les seconds entourent l'oreille pour une isolation accrue. Le DJ ou l'usager des transports publics opteront pour le casque circum-oral. Prix : à partir de 19 euros, mais aussi entre 100 et 400 euros.

La deuxième grande famille est celle des écouteurs classiques, qui présentent le même aspect et le même confort que les accessoires fournis avec les lecteurs. Bien que de qualité supérieure, leurs basses sont généralement moins bien rendues que sur les casques. Prix : de 2 à 10 euros.

Pour monter dans la qualité des écouteurs classiques, il faut opter pour les modèles intra-auriculaires qui se placent dans le conduit auditif au point d'y former un bouchon. Les basses sont meilleures mais ce type d'oreillette coûte 50 % de plus que des modèles non intrusifs. Certains culminent à… 400 euros.

Enfin, les casques à atténuation de bruit sont capables de produire des fréquences sonores qui « annulent » les bruits parasitaires. Utiles dans un train, un avion ou tout environnement où le son extérieur est à la fois plutôt grave, gênant et régulier.

Trucs & astuces

Le niveau de dangerosité s'accroît fortement à partir de 85 dB. C'est pourquoi certaines marques limitent à 80 dB. Quant au seuil de douleur, il se situe à 120 dB. Selon une étude européenne, 5 % à 10 % des auditeurs risquent des troubles de l'audition (surdité, acouphènes) à cause de leurs écouteurs. Les médecins préconisent la règle du 60/60 : jamais plus de 60 % de la puissance maximale de l'appareil et pas plus de 60 minutes par jour.

S'il s'agit d'un casque Bluetooth, les normes 2 et 2,1 supportent le son stéréo.

Si vous optez pour le casque de salon, assurez-vous que la (faible) longueur du fil ne vous obligera pas à vous installer dans le meuble de votre station hi-fi.

FINANCE ET BANQUE

ET C'EST POUR ACHETER QUOI CE CRÉDIT?
DES CROQUETTES POUR MON CHAT
HELP

47

OUVERTURES DE CRÉDIT : ATTENTION DANGER !

L'ouverture de crédit à la consommation s'est considérablement développée ces dernières années : le consommateur dispose d'un capital dont il peut disposer. Il peut y puiser au gré de ses besoins (et envies) et rembourser à son rythme. Le problème, c'est que ces ouvertures de crédit ne sont pas toujours accordées de manière responsable, bien qu'il existe des règles légales.

De plus en plus de magasins et de boutiques en ligne proposent à leurs clients divers crédits, le plus souvent sous la forme d'un service complémentaire lié à la carte du magasin. Les avantages varient selon les enseignes : points fidélité supplémentaires, assurances liées aux objets achetés, offres exclusives réservées aux titulaires de la carte, utilisation de la carte dans le réseau MasterCard ou Visa, retraits en cash, virements de liquide vers le compte bancaire du client…

Mais il est rare que les magasins qui jouent le rôle d'intermédiaire d'un prêteur et accordent aux consommateurs des ouvertures de crédit remplissent correctement leur devoir d'information et de conseil. Ainsi, par exemple, on pourrait s'attendre à ce qu'un emprunteur donné, avec une même demande, reçoive partout la même réponse. Or, il n'y a manifestement pas de politique de chaîne : ce sont les magasins qui décident eux-mêmes d'octroyer ou non un crédit. Ce qui mène au règne de l'arbitraire. Ainsi, un consommateur au chômage, avec des revenus limités et une ouverture de crédit en cours, peut tout de même obtenir une ouverture de crédit supplémentaire. Une pratique totalement irresponsable, mais qui existe !

Les magasins en ligne octroient encore plus facilement des ouvertures de crédit. Bien qu'il y ait obligation d'analyser la situation financière du demandeur (notamment en posant des questions sur les revenus et les crédits en cours), cela ne se passe pas toujours de manière sérieuse. Les contrats sont donc presque toujours remplis au mépris de la vérité.

La loi mentionne bien que les prêteurs doivent commercer de manière « responsable », notamment en s'informant de manière plus approfondie sur la situation financière du candidat emprunteur. Mais elle ne précise malheureusement pas comment. La loi devrait au minimum énumérer les informations à recueillir !

Conseil

On l'aura compris, il serait bien imprudent de se fier uniquement aux conseils de l'employé du magasin ou du guide de la boutique en ligne. Avant d'opter pour un achat financé par une ouverture de crédit, donnez-vous le temps de déterminer le montant que vous pouvez (ou voulez) y consacrer. Renseignez-vous sur les formules possibles et définissez minutieusement vos capacités réelles de remboursement, en fonction de votre budget.

48

PRÊT HYPOTHÉCAIRE : TAUX FIXE OU TAUX VARIABLE ?

À durée et capital égaux, le prêt hypothécaire à taux variable présente au début un taux plus bas qu'un prêt à taux fixe, où les intérêts restent inchangés pour toute la durée de l'emprunt. Tentant, donc ! Mais la formule n'est pas sans danger…

Avec un prêt à taux fixe, vous payez le prix de votre sécurité sous forme d'un taux d'intérêt plus élevé. Vous savez à l'avance combien vous devrez débourser durant toute la durée du prêt et vous êtes ainsi protégé des hausses des taux hypothécaires. La formule est donc intéressante en cas de tendance à la hausse. En outre, même avec une tendance à la baisse, vous jouez la sécurité car l'expérience montre qu'en cas de forte diminution, le taux fixe est tout de même revu à la baisse pour éviter que les emprunteurs ne filent vers la concurrence.

En principe, le taux d'intérêt variable est plus intéressant quand, sur toute la durée du prêt, l'hypothèse de révision de taux la plus pessimiste est plus ou moins comparable au taux fixe le plus intéressant. D'où l'importance de bien calculer le taux moyen qui sera d'application pendant toute la durée du prêt.

Le nombre de révisions de taux possible est défini lors de la signature. Parfois une fois par an, parfois tous les trois ou cinq ans seulement.

Par ailleurs, des règles légales définissent une fourchette de fluctuation maximale. La première année, le taux ne peut être augmenté de plus de 1 % sur base annuelle par rapport au taux de base. La deuxième année, on passe à 2 % d'augmentation maximale. Enfin, une marge de fluctuation doit également être définie contractuellement, par exemple + 3% / - 3 %.

Autre cas où le taux d'intérêt variable peut s'avérer plus intéressant : quand il est possible de n'avoir aucune incertitude sur le montant à rembourser périodiquement… Contradictoire ? Pas du tout : avec la formule dite « accordéon », en cas de révision à la hausse, vous avez la possibilité de ne pas toucher au montant des mensualités mais à la durée du prêt.

Trucs & astuces

Attention, un taux variable assorti de la formule accordéon n'est intéressant que si :

- vous acceptez l'éventualité que la durée du prêt soit allongée (choix peut-être difficile s'il court déjà jusqu'à votre (pré)pension) ;
- vous êtes conscient que, dans l'hypothèse la plus pessimiste, le montant total à rembourser risque d'être plus élevé qu'avec un prêt à taux fixe ;
- vous devez opter pour une durée plus courte que celle que vous auriez choisie avec un taux fixe, mais l'emprunt doit courir sur dix ans au moins.

49

CHANGER DE BANQUE : OSEZ SAUTER LE PAS !

En théorie, changer de banque est très simple : prenez contact avec votre nouvelle banque, ouvrez-y un compte et clôturez l'ancien. En pratique, cela s'avère toutefois plus compliqué. Laissez-vous guider.

Vérifiez avant de commencer ! Si vous possédez un ou plusieurs crédits en cours dans la banque que vous souhaitez quitter, vous devrez vérifier que la fermeture de votre compte à vue n'entraînera pas de conséquences sur ce(s) crédit(s). Un certain nombre de banques se réservent en effet le droit de revoir à la hausse le taux du crédit hypothécaire si vous clôturez votre compte à vue (et donc le salaire que vous y faites verser). Dans le même ordre d'idées, changer de banque s'avérera compliqué si vous possédez des placements financiers auprès de l'institution que vous souhaitez quitter. Vous n'avez certainement pas besoin de retirer tous les services que vous avez dans votre ancienne banque (coffre, compte à terme…). Informez-vous des coûts si, à l'exception de votre compte à vue, vous transférez aussi d'autres produits.

Lorsque vous ouvrez un nouveau compte, ne clôturez pas l'ancien. Laissez les deux comptes ouverts pendant quelques semaines, jusqu'à ce que tous les services soient actifs (par exemple, attendez qu'Internet Banking fonctionne, que votre nouvelle carte de crédit et vos codes soient en votre possession, que vos revenus y soient versés...).

Informez tous vos débiteurs. Et tout d'abord votre employeur: donnez-lui votre nouveau numéro de compte aussi vite que possible et demandez quand ces adaptations seront effectives. Car cela peut varier selon l'employeur. Il peut être pratique de garder à portée de main vos extraits de compte des derniers mois, pour retrouver tous les organismes et/ou personnes qui vous versent régulièrement de l'argent. Il vous faudra alors leur communiquer votre nouveau numéro de compte. N'oubliez pas les instances de remboursement de frais médicaux, allocations familiales, pension, etc.

Veillez à adapter les paiements fixes qui sont automatiquement retirés de votre compte: loyer, factures de téléphone, d'électricité, de gaz ou même l'abonnement à une revue...

Videz votre carte Proton avant de la restituer, car la puce de votre carte contient l'argent de votre porte-monnaie électronique.

Si vous êtes à découvert dans votre ancienne banque, remboursez d'abord le montant dû avant de clôturer votre compte.

Effectuez le changement en fin d'année, de préférence. Surtout si la facturation des frais est calculée sur base annuelle. Si vous le clôturez tout de même en cours d'année, vous avez le droit de réclamer le remboursement du prorata des services non utilisés.

Conseil

Demandez l'aide de votre nouvelle banque. Depuis novembre 2009, il existe en effet un Code de conduite relatif à la mobilité interbancaire. Il prévoit entre autres que la nouvelle banque doit se charger, pour vous, d'un certain nombre de formalités. Il vous suffit pour cela de signer un document attestant que vous souhaitez cette aide. N'hésitez pas à vous renseigner auprès de votre nouvelle banque.

50

BANQUES EN LIGNE : LES PETITES SONT LES MEILLEURES

Plus de quatre millions de Belges effectuent leurs opérations bancaires en ligne. Les clients des petites banques sont les plus satisfaits. Pourquoi ?

C'est la facilité d'utilisation qui l'emporte, la liberté de choisir le moment pour exécuter les opérations courantes convainc les utilisateurs. Le soir s'avère le moment le plus fréquent pour ce faire. Deux personnes sur trois s'en occupent une fois par semaine, tandis que près de 10 % le font chaque jour. Pourtant, avec ce service en ligne, toutes les banques ne séduisent pas leurs clients de la même manière.

Dans l'ensemble, on signale peu de problèmes majeurs. Près d'un quart des utilisateurs ont fait l'expérience de l'indisponibilité temporaire du site internet. Pour le reste, il s'agit plutôt de désagréments techniques.

Quant aux fraudes officiellement dénoncées, leur nombre a considérablement diminué ces dernières années. En 2010, un seul cas a été signalé à la Commission bancaire, financière et des assurances.

La satisfaction en ce qui concerne les opérations bancaires en ligne est la plus grande auprès de certaines petites banques actives exclusivement sur Internet telles que BinckBank, Keytrade et Rabobank. À l'heure actuelle,

Citibank obtient le moins bon résultat avec le plus grand nombre de clients internautes mécontents.

Conseil

En général, on commence à exécuter des opérations en ligne auprès de la banque dont on est déjà client pour les services bancaires traditionnels. Pourtant, il peut s'avérer profitable de choisir une des plus petites banques en ligne : elles proposent des formules intéressantes et comptent davantage de clients satisfaits.

51

COMPTES D'ÉPARGNE : QUELLES ALTERNATIVES ?

BNP Paribas Fortis et Belfius ont baissé la rémunération de leurs comptes d'épargne. Le rendement du compte principal n'y dépasse désormais plus 1 %. Existe-t-il des alternatives plus rentables ?

La baisse des taux de plusieurs banques, sur les comptes d'épargne, n'est pas une raison pour abandonner complètement ce type de placement. Il est important d'y garder au moins votre épargne de précaution. Mais ne restez pas inactif: faites jouer la concurrence. Vous pourrez recevoir plus du double d'intérêts que dans les grandes banques.

Même en bloquant votre argent pendant dix ans sur un bon de caisse ou un compte à terme, vous n'obtiendrez pas plus de 3 % net. N'oubliez pas que si les taux remontent entre-temps (scénario que nous privilégions à moyen terme), votre argent, lui, sera bel et bien bloqué jusqu'à l'échéance à des conditions qui vous paraîtront alors bien faibles. Si vous souhaitez malgré tout un rendement fixe, optez pour une durée intermédiaire: cinq ans. Une nouvelle fois, évitez les grandes banques, qui offrent des conditions chiches.

Si vous n'avez pas besoin de votre argent avant huit ans, envisagez une bonne assurance épargne. Mais le rendement offert par les assureurs est lui aussi sous pression.

Ceci dit, contrairement aux bons de caisse et comptes à terme, il peut être ajusté en cours de route via la participation bénéficiaire, octroyée chaque année en plus du taux garanti.

Certaines obligations en euros offrent des rendements élevés, de l'ordre de 5 ou 6 %. Mais elles sont souvent émises par des entreprises lourdement endettées, dont la survie à long terme pourrait être compromise. Quant aux émetteurs plus sûrs, ils offrent un rendement bien faible, souvent inférieur aux meilleurs comptes d'épargne. Il n'y a donc pas grand-chose à se mettre sous la dent. Mais restez à l'affût.

Conseil

À long terme, le compte d'épargne n'est pas le placement le plus rémunérateur. Si vous avez du temps devant vous, que votre compte d'épargne déborde de liquidités et que vous acceptez une certaine dose de risques (le capital n'est pas garanti), actions et sicav méritent une place dans votre portefeuille.

52

ACHATS EN LIGNE : NOS CONSEILS AVANT, PENDANT, APRÈS

L'e-commerce a le vent en poupe, c'est indéniable ! Reste qu'il importe d'être vigilant... Suivez donc nos conseils et soyez sans crainte : en cas de doute, vous pourrez encore vous désister.

Avant l'achat, vérifiez que le site visité n'est pas purement virtuel mais qu'il existe bien derrière lui une entreprise réelle. Assurez-vous aussi qu'il mentionne le nom et l'adresse de l'entreprise, vérifiez les données et évitez les magasins que vous ne parvenez pas à localiser. En cas de doute, avant votre achat, envoyez un courrier électronique afin d'obtenir davantage d'informations. Si vous n'obtenez pas de réponse, le mieux à faire est de choisir un autre site.

Vérifiez comment fonctionne le service après-vente du vendeur et quelles garanties il offre. Parcourez également les conditions générales.

Si le produit que vous désirez acquérir est commercialisé par un site hors Union européenne, n'oubliez pas que, dans la majorité des cas, il faut ajouter au prix la TVA ou, le cas échéant, les frais de douane.

Méfiez-vous des sites pour adultes qui demandent votre numéro de carte de crédit au prétexte de vérifier que vous êtes majeur. En réalité, leur objectif est d'obtenir ces données pour effectuer ensuite des achats à votre nom.

Comparez les prix, en comptant chaque fois la totalité des frais d'expédition.

Dès que vous avez passé commande, conservez-en une copie imprimée et, le cas échéant, des échanges de courrier électronique avec l'entreprise. Si vous ne recevez pas de confirmation de votre commande, contactez le vendeur afin de vous assurer qu'elle a été traitée correctement.

Après l'achat, si vous avez constaté un usage frauduleux de votre carte de crédit, prenez contact sans attendre avec Bank Card Company ou votre institution bancaire.

Vérifiez que l'emballage du produit que vous avez reçu est en bon état et correspond à votre commande. Si tel n'est pas le cas, le vendeur est obligé de le remplacer ou de vous rembourser. Essayez de vérifier l'état du produit avant de signer le bon de réception.

Si un problème relatif au produit surgit lors de son utilisation, vous êtes couvert par les mêmes garanties que celles qui sont prévues pour les ventes traditionnelles. Depuis 2003, la garantie des produits acquis en Europe a été étendue à deux ans.

Si la livraison n'a toujours pas eu lieu après trente jours ou que le délai annoncé est dépassé, portez plainte. Si cela ne change rien, vous pouvez annuler l'achat et exiger le remboursement des sommes versées. Toujours aucune réaction ? Vous avez encore un atout si vous avez payé par Visa, MasterCard ou American Express. Ces cartes sont en effet couplées à une assurance qui vous permet de récupérer votre argent si le produit acheté n'a pas été livré et que vous avez essayé, en vain, de résoudre le problème (ces cartes ont un document à disposition sur leur site internet prévu à cet effet).

Trucs & astuces

Si vous avez acheté un produit sur Internet, vous pouvez encore y renoncer pour autant que vous respectiez les délais légaux (14 jours calendrier depuis la nouvelle loi sur les pratiques du commerce du 12/4/2010). Le mieux est d'adresser au vendeur une lettre recommandée de renonciation. Nous vous déconseillons d'acheter sur un site qui ne vous permet pas de renvoyer ou d'échanger le produit pendant le délai de réflexion. D'ailleurs, la réglementation sur les ventes à distance stipule que les biens achetés doivent pouvoir être renvoyés ou échangés.

Le droit de renonciation est gratuit. Le vendeur ne peut rien vous réclamer, sauf éventuellement les frais de renvoi du produit. Le remboursement complet de ce que vous avez déjà payé doit intervenir dans les 30 jours de la signification de votre décision. Hélas, la nouvelle loi autorise les vendeurs à vous réclamer un acompte, voire la totalité du paiement avant la fin du délai de renonciation. Vous êtes donc à la merci de commerçants qui empocheraient l'argent et ne vous le restitueraient pas...

53

CARTE DE PAIEMENT PRÉPAYÉE : PAS DONNÉ !

Vous avez sans doute entendu parler de « bpaid », la carte de paiement prépayée que Bpost a récemment mise sur le marché. Elle est présentée comme très sécurisée. Mais prétendre qu'une telle carte peut être un cadeau à faire à un jeune, c'est probablement méconnaître le coût de son utilisation ! Mieux vaut ne pas considérer de telles cartes comme une alternative aux cartes de crédit.

Encore peu répandu chez nous, le concept des cartes prépayées n'est pas neuf pour autant. Il en existe déjà quantité en ligne, comme la « Multi Card » de Banca Monte Paschi ou la « Moneybookers prepaid » de Moneybooker en Belgique. Le terme *prepaid* dit bien ce qu'il veut dire : vous retirez de l'argent à l'avance et le bloquez sur la carte pour le dépenser au moment voulu.

Vous devez d'abord charger un certain montant sur la carte. Comme elle n'est pas reliée à votre compte à vue, vous devez transférer l'argent de votre compte à vue vers le numéro de la carte (directement de votre compte à vue ou en ligne avec votre carte de crédit). Vous pouvez aussi, exceptionnellement, charger la carte avec de l'argent liquide. Cela vaut pour la carte bpaid dans un bureau de poste.

Vous pouvez ensuite effectuer vos dépenses avec la carte : un achat dans un magasin ou sur Internet, un repas au restaurant… Il suffit que la marque de la carte soit acceptée, ce qui n'est généralement pas un problème puisqu'elle fait partie du réseau MasterCard (comme les trois cartes de paiement *prepaid* précitées) ou Visa. Vous pouvez l'utiliser tant en Belgique qu'à l'étranger. Vous pouvez aussi vous en servir pour retirer de l'argent à un distributeur.

La carte est sûre : vous devez chaque fois introduire votre code secret et ne disposez que de la somme présente sur la carte.

Le paiement proprement dit au moyen de la carte ne vous coûtera rien mais les frais annexes seront très nombreux. S'ils varient d'une carte à l'autre, ils sont invariablement très élevés !

Trucs & astuces

En conclusion, il est indispensable de bien vous renseigner sur les frais pour déterminer si la carte de paiement prépayée peut être intéressante dans votre cas. Imaginez que vous n'ayez pas de carte de crédit et deviez vous rendre à l'étranger. Si vous voulez disposer d'autres possibilités de paiement que la seule fonction Maestro de votre carte bancaire, ou si Maestro n'est pas disponible, une carte de paiement prépayée pourra alors constituer une solution. Ce sera également le cas si votre enfant part à l'étranger et que vous souhaitez garder le contrôle de ses dépenses. Au besoin, vous pourrez toujours recharger la carte de chez vous.

54

VENTES EN LIGNE : CLIQUEZ, C'EST PAYÉ !

Petit tour d'horizon des moyens de paiement disponibles sur les sites de commerce en ligne.

Et tout d'abord, PayPal, un acteur qui s'est imposé peu à peu et qui est même proposé désormais comme partenaire par les sociétés spécialisées dans la sécurisation de paiement. Son principe de fonctionnement est très simple : lors de la création de votre compte, vous fournissez vos coordonnées et vous choisissez une adresse mail qui deviendra votre identifiant unique. Vous pouvez alors envoyer et recevoir des paiements, en vous identifiant grâce à une adresse électronique et sans avoir à communiquer à chaque transaction vos coordonnées de carte bancaire. Autre solution, le « direct banking ». Concrètement, au moment de finaliser votre paiement, vous verrez apparaître le logo des banques belges partenaires avec celui de leur service de banque en ligne. Et en cliquant sur le lien correspondant, si vous êtes client de l'institution choisie, vous déclencherez le service auquel vous avez l'habitude de vous connecter pour vos virements, par exemple. Une opération sera alors générée qui finalisera le paiement de l'objet ou du service pour lequel vous visitiez le site commercial. Et bien sûr, vous le confirmerez de la même manière que vous signez numériquement vos autres opérations : avec votre digipass. Le processus sera identique si vous avez choisi de payer avec votre carte Maestro. Les cartes de crédit sont aussi un moyen de paiement très courant et très facile. C'est même le moyen le plus utilisé pour les transactions en ligne sur le Net. Et comme pour le paiement via Bancontact/Mister Cash, certains sites qui affichent les logos « Verified by Visa » et « Mastercard SecureCode » vous demandent de procéder de la même manière que lorsque vous signez un virement via votre logiciel de banque en ligne. Dans tous les cas, soyez attentif lors de la transaction et veillez à ce que la connexion soit sécurisée. Dans la barre d'adresse de votre navigateur, la mention « https » doit figurer au début de l'adresse. Votre navigateur vous permet également de vérifier le certificat de sécurité du site. Soit via un petit cadenas ou une petite clé qui apparaît en bas à droite, sur lequel vous pouvez cliquer. D'autres navigateurs vous donnent cette possibilité en affichant le nom du site à gauche de l'adresse et c'est sur ce nom que l'on peut cliquer.

Conseil

Dernier conseil, à propos de la Western Union. Contrairement à ce que les utilisateurs du Net imaginent souvent, la Western Union est non pas une banque mais une société spécialisée dans le transfert d'argent. N'utilisez donc pas ce service pour le règlement d'achats.

VOITURE ET ÉNERGIE

55

ASSURANCE VOITURE : LE B.-A. BA DU CONTRAT

Système bonus-malus, omnium, montant de la prime : tout ce qu'il faut savoir pour bien choisir sa police d'assurance.

Jadis, l'échelle bonus-malus était identique pour tous les assureurs. Depuis janvier 2004, chaque compagnie peut fixer sa propre échelle. Elle peut par exemple récompenser les bons conducteurs ou au contraire augmenter les primes des pilotes plus susceptibles de provoquer un accident (jeunes, conducteurs débutants, etc.). En résumé, les « bons » sont favorisés au détriment des « mauvais ». Ceux qui ont causé un accident sont parfois plus pénalisés que dans l'ancien système. En revanche, la plupart des compagnies protègent le bonus de ceux qui n'ont pas eu d'accident depuis un certain temps, et ce de différentes manières.

Elles n'augmentent pas immédiatement la prime en cas d'accident en tort (pour autant qu'il n'y ait pas eu état d'ivresse ou intoxication alcoolique, délit de fuite, conduite sans permis, etc.).

Elles peuvent aussi octroyer des réductions complémentaires par année supplémentaire sans sinistre (ou du moins sans accident en tort).

De plus, nombre de compagnies font descendre plus vite qu'autrefois sur leur échelle bonus-malus les conducteurs n'ayant pas provoqué d'accident.

Pour l'assurance responsabilité civile, les assureurs proposent à peu près le même contrat standard, à quelques détails près. Notons que certaines compagnies proposent des services complémentaires ou des extensions de garantie en cas d'accident à l'étranger.

Pour l'omnium, les contrats varient, notamment au niveau des exclusions et de l'indemnisation en cas de perte totale ou de vol. En ce qui concerne l'indemnisation, nous considérons d'ailleurs la valeur agréée comme un minimum. Cela signifie que le contrat fixe à l'avance la valeur qu'aura la voiture en cas de perte totale ou de vol. Pour le client, cette formule est plus avantageuse que le dédommagement sur base de la valeur vénale, qui doit être déterminée par un expert et est susceptible d'entraîner plus de contestations. En règle générale, l'omnium est particulièrement importante dans les deux ou trois premières années de l'achat d'un véhicule, ou jusqu'à la fin de son

remboursement. Ensuite, on pourra éventuellement se rabattre sur la « mini omnium » (vol, bris de vitres, incendie, grêle, heurts avec les animaux), voire la « mini omnium plus » qui vous dédommagera aussi en cas de sinistre total.

Conseil

La prime annuelle reste le critère le plus important pour choisir une police d'assurance. Concrètement, demandez une offre auprès des compagnies qui vous intéressent. Ne vérifiez cependant pas seulement la prime de départ mais également celle que vous paieriez si vous étiez responsable d'un accident. En effet, certaines compagnies pourraient vous faire payer quatre fois plus !

56

ACHETER UNE VOITURE NEUVE AU MEILLEUR PRIX

Une voiture représente jusqu'à un quart du budget des ménages. Mais il est possible de réaliser de sérieuses économies au moment de l'achat.

Chaque année, en Belgique, ce ne sont pas moins de 500 000 voitures neuves qui sont vendues. Un marché juteux, sauf pour le consommateur qui devra souvent débourser plusieurs milliers d'euros pour un objet qui ne fera que perdre de sa valeur au fil du temps.

Contrairement à la plupart des biens de consommation, que l'on peut se procurer en quelques clics sur Internet, l'automobile continue à se vendre de manière traditionnelle, en concessions. Le meilleur endroit pour négocier.

Car, c'est bien connu, le Belge adore négocier. Les marques le savent et affichent, pour la plupart, des prix nettement surévalués. À l'acheteur de tenter d'obtenir les meilleurs rabais. Il convient alors de cibler l'un ou l'autre modèle ainsi que les options que l'on juge indispensables. On dispose ainsi d'un point de comparaison fiable afin de faire jouer la concurrence entre les points de vente.

Si les périodes de salon sont en général intéressantes (car les importateurs offrent des remises cumulées à celles des concessions), on peut aussi se rabattre sur des modèles déjà amortis, voire en fin de vie, où les rabais seront plus importants. Seront également plus avantageux les véhicules de stock ou ceux dont la carrière commerciale est en demi-teinte. Mais attention à ne pas se laisser aveugler par les prix barrés. Souvent, ils englobent une prime de recyclage, c'est-à-dire la reprise d'un véhicule hors d'usage, ce qui ne touche qu'une minorité de personnes.

Certaines marques dites « premium » n'offrent que peu de marge de négociation. Elles vous proposeront parfois des packs d'options à prix avantageux – mais leur utilité reste souvent à démontrer.

Trucs & astuces

Pour tous ceux que la négociation rebute, un site internet peut leur faciliter la tâche. www.clickyourcar.be est en effet un mandataire, un intermédiaire entre le vendeur et l'acheteur. En rabotant les marges bénéficiaires des concessionnaires tout en leur garantissant une vente, Clickyourcar est certain de proposer les véhicules aux prix les plus bas. Il faut cependant accepter un choix limité de marques et de modèles, ainsi que l'absence de tout conseil.

Enfin, n'oubliez pas que vous ne ferez jamais une « excellente affaire » puisque le vendeur ne vendra jamais à perte. Mais, en négociant bien, la note peut être moins salée…

57

ÉCONOMISEURS DE CARBURANT : ATTENTION AUX PIÈGES !

Les publicités abondent, sur Internet ou dans les magazines, pour des systèmes qui prétendent diminuer la consommation des véhicules. Mais ce n'est que poudre aux yeux !

Économiser 25 % de carburant grâce un simple tuyau entouré de champs magnétiques puissants, l'idée paraît simple. Si simple qu'on se demande pourquoi les constructeurs automobiles n'y ont pas pensé plus tôt… Les adeptes des forums spécialisés le prétendent : les constructeurs pourraient réduire la consommation s'ils n'étaient de mèche avec les sociétés pétrolières. C'est la théorie du grand complot.

En fait de complot, il s'agit surtout d'élucubrations sans fondement. Les moteurs modernes consomment beaucoup moins que ceux des générations précédentes alors que les voitures se sont fortement alourdies. L'Union européenne, en émettant des normes de plus en plus strictes, veille au grain. Mais est-il possible, avec un dispositif artisanal, de réaliser de nouvelles économies ?

Pour avoir testé ce type de système de champs magnétiques, nous pouvons clairement affirmer que le gain en consommation est négligeable, voire nul, pour un prix d'achat de plusieurs centaines d'euros. Que dire alors d'autres systèmes, encore plus fantaisistes, qui se branchent

par exemple sur la prise de l'allume-cigare ? Un peu comme si on diminuait sa consommation d'eau en changeant l'installation électrique de sa maison…

À l'heure actuelle, et malgré de nombreux tests dans les revues spécialisées, aucun économiseur de carburant n'a jamais donné de résultats probants.

Trucs & astuces

Pour économiser réellement du carburant, il convient de suivre quelques conseils :

- rouler avec des pneus suffisamment gonflés, et privilégier les pneus « verts » ;
- utiliser le moins possible d'appareils énergétiques, comme la climatisation, et fermer fenêtres et toit ouvrant ;
- suivre un cours d'éco-conduite (environ 130 euros, rentabilisés en quelques mois), où l'on vous enseignera la manière idéale de soulager réservoir et portefeuille.

58

PNEU CREVÉ : QUELLE SOLUTION ?

Les véhicules modernes ont tendance à s'équiper de bombes anti-crevaison, en lieu et place de la roue de secours traditionnelle. Une évolution qui ne présente pas que des avantages.

Afin de réduire au maximum les rejets de CO_2, les constructeurs automobiles rivalisent d'astuces. Supprimer la roue de secours, et parfois même son emplacement, en fait partie. Ils vous proposeront, au mieux, une roue galette, au pire, un kit anti-crevaison. Si la première vous permet de rouler à nouveau, mais à allure modérée, le kit sera efficace en cas de petites crevaisons. Mais si la déchirure est profonde, la mousse contenue dans la bombe n'arrivera pas à réparer le pneu et vous devrez faire appel à un dépanneur… pour un simple pneu crevé !

Une autre solution se développe de plus en plus. Il s'agit d'équiper les voitures de pneus à la technologie Run Flat. Comme le dit son nom (en anglais…), ce pneu permet de continuer à rouler malgré une crevaison. La carcasse renforcée permet surtout de ne pas s'arrêter sur le bas-côté et de poursuivre sa route à faible vitesse. Si l'aspect sécuritaire est louable, l'automobiliste se retrouve tout de même dans un cas de figure semblable à celui de la roue galette ou de la bombe anti-crevaison : obligation de passer rapidement au garage pour une réparation.

En termes de coût, il va de soi que le kit reste la solution la moins onéreuse. Les constructeurs qui vous proposent d'autres alternatives le font souvent moyennant une option payante. Ceux qui ont pris le parti d'installer les pneus Run Flat répercutent évidemment le supplément de prix dans le tarif de base de la voiture.

Conseil

Au moment de signer un bon de commande, vérifiez si une roue de secours normale est fournie, au moins en option. Vous perdrez un peu de place dans le coffre, alourdirez le véhicule et rejetterez quelques grammes de CO_2 supplémentaires, mais pourrez rouler normalement une fois la roue changée après crevaison.
Quoi qu'il arrive, pour d'évidentes raisons de sécurité, ne changez jamais de roue sur la bande d'arrêt d'urgence d'une autoroute.

59

VOITURE ÉLECTRIQUE : FAUT-IL CRAQUER ?

Depuis la consécration de la Nissan Leaf comme voiture de l'année 2011, la voiture électrique est au centre de toutes les attentions.

Pourtant, malgré un succès d'estime considérable, les ventes de véhicules électriques restent confidentielles. La faute à une autonomie toujours limitée, des bornes de recharge quasi inexistantes et, surtout, un prix de vente dissuasif.

Malgré ces inconvénients, pour le moins rédhibitoires, la voiture électrique affiche tout de même un certain nombre de qualités : silence absolu, performances correctes, consommation ridicule (comptez en moyenne moins de 2 euros pour 100 km) et tenue de route digne des équivalentes à moteur thermique.

Contrairement aux idées reçues, la voiture électrique ne s'affiche pas en alternative aux véhicules traditionnels mais en complément. Pensée pour un usage urbain et périurbain, elle convient pour la plupart des déplacements domicile-lieu de travail inférieurs à une cinquantaine de kilomètres. Attention cependant au type d'utilisation : si la vitesse est l'ennemie de la voiture électrique, les embouteillages sont ses meilleurs alliés ! Au volant, il faut se forcer à adopter un autre style de conduite en privilégiant les phases de recharge, lors des décélérations.

En Belgique, les incitants fiscaux restent faibles comparés à ceux des pays voisins. Un particulier achetant un véhicule électrique peut tout de même profiter d'une réduction fiscale de 30 % du prix du véhicule, plafonnée à 9 510 euros. En Wallonie s'y ajoute un éco-bonus de 3 500 euros en 2012 (2 500 en 2013).

Pour faire baisser le prix des voitures électriques, certaines marques proposent les batteries en location. D'autres installent des prolongateurs d'autonomie sous forme d'un petit moteur servant de générateur de courant.

Enfin, sachez que le scooter électrique, lui, peut tout à fait remplacer un engin traditionnel. Ce type de deux-roues

n'effectue en général que de courts trajets. En passant à l'électrique, qui est aussi plus performant, les rejets polluants sont réduits à néant et la réduction d'impôts est égale à 15 % du prix d'achat, limitée à 2 830 euros.

Trucs & astuces

http://koba.minfin.fgov.be/commande/pdf/folder-reduction_impots_vehicule_electrique.pdf

http://www.wallonie.be/sites/wallonie/files/actualites/fichiers/eco-auto_2012_01_31_fr.pdf

60

UN LABEL PNEU QUI PROFITE AU CONSOMMATEUR

Depuis le 1er novembre 2012, tous les pneus neufs vendus en Europe doivent porter un label semblable à celui de l'électroménager.

Ce label, imposé par l'Union européenne, constitue une petite révolution dans le monde opaque des manufacturiers. Jusqu'à présent, le consommateur n'avait pour seules références que les tests de quelques magazines spécialisés ou les conseils de son vendeur. À présent, il dispose d'une base de comparaison concrète, visible en magasin.

Trois critères ont été retenus parmi la bonne quinzaine qui entrent en considération lors de la fabrication d'un pneu : la résistance au frottement, le freinage sur sol mouillé et le bruit.

La résistance au frottement influence directement la consommation. En effet, le pneu est responsable de 20 à 30 % de la quantité totale de carburant utilisé par un véhicule. Entre le label « A » (le plus économique) et le « G » (le plus énergivore), la différence de consommation peut atteindre 10 %, ce qui représente, tout au long de la durée de vie, une économie de 300 euros, à multiplier par le nombre de pneus !

Le freinage sur sol mouillé est un point crucial pour la sécurité des automobilistes. À 100 km/h, une voiture équipée de pneus labellisés « A » s'arrêtera 18 mètres plus tôt qu'une voiture chaussée de pneus « G ».

Enfin, le bruit extérieur nous paraît relativement anecdotique. On aurait préféré un critère de durée de vie ou d'adhérence en virage. On notera que le label est identique pour les pneus été ou hiver, ce qui désavantage ces derniers, prévus pour résister aux basses températures et non pour économiser du carburant.

Trucs & astuces

Le fabricant de caoutchouc Lanxess a développé une application permettant de calculer les économies possibles en fonction des pneus choisis. Consultez donc www.mobilite-verte.be

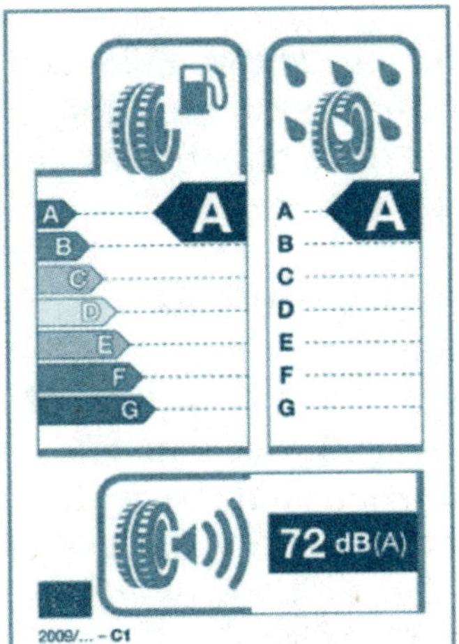

61

GPS INTÉGRÉS, NOMADES OU SMARTPHONES ?

Pourquoi encore dépenser de l'argent pour un GPS alors qu'on trouve des tas d'applications gratuites pour téléphones ? Parce que, dans ce monde, rien n'est vraiment gratuit !

Alors que certains constructeurs automobiles continuent à facturer plus de 2000 euros un système GPS intégré à la voiture, des informaticiens développent des applications gratuites. Entre les deux, les GPS nomades tentent de survivre.

Les GPS nomades, ce sont ces petits boîtiers que l'on fixe au pare-brise de la voiture et que l'on peut transporter ensuite. Historiquement, ce sont les premiers modèles, apparus au début des années 2000. Ce sont aussi ceux qui évoluent le plus rapidement. Du kit de base proposant une simple navigation Benelux au haut de gamme offrant l'info-route en temps réel et des millions de points d'intérêt, on trouve de tout pour un prix raisonnable.

Les systèmes intégrés sont, certes, moins encombrants, tout en proposant un meilleur son ou des fonctions multimédia. Ils sont parfois moins pratiques à utiliser ou à faire évoluer. Et même si les prix se démocratisent enfin, ils restent un peu plus chers que les systèmes nomades.

Apparues plus récemment, les applications payantes pour smartphones ont parfois des performances équiva-

lentes à celles des appareils nomades mais souffrent d'un écran trop petit et aux nombreux reflets. En l'absence de Bluetooth, la qualité sonore sera médiocre et l'autonomie limitée si on oublie son chargeur.

Les applications gratuites, elles, peuvent dépanner à l'occasion mais la cartographie reste souvent incomplète. D'autre part, elles nécessitent une connexion permanente au réseau 3G, ce qui viendra finalement grever la facture de téléphone.

Trucs & astuces

Astuce 1

L'investissement d'un GPS intégré à une voiture, s'il est plus onéreux à l'achat, sera pourtant un avantage lors de la revente du véhicule. Cette option est de plus en plus prisée.

Astuce 2

Au moment du choix, vérifiez les coûts d'utilisation : info-trafic payant ? Mise à jour des cartes, gratuite ou non ? Mise à jour du logiciel chez soi ou au garage ?

62

LPG : SOLUTION SURTAXÉE ?

À 0,50 ou 0,80 euros le litre, nous nous sommes tous un jour posé la question : équiper ou non son véhicule au LPG, le gaz de pétrole liquéfié ? Mais au-delà du coût de l'installation, il faut également penser aux taxes, propres au système.

Rouler au LPG peut donc s'avérer coûteux. À titre d'exemple, chaque année, vous devrez vous acquitter d'un supplément à la traditionnelle taxe de circulation. Supplément qui est calculé en fonction de la puissance du véhicule et qui varie de 89, 149 à 208 euros par an. Ajoutez à cela la taxe « Éco » de la Région wallonne sur les émissions de CO_2. Essence, diesel ou LPG, cette taxe s'applique à tous et n'est perçue qu'une seule fois lors d'une nouvelle immatriculation. À chacun donc de faire son calcul.

Les avantages du LPG ?

- Prix à la pompe.
- Faible pollution engendrée par les véhicules utilisant ce carburant.
- Longévité des moteurs.
- Sécurité. Un réservoir LPG serait plus sûr qu'un réservoir essence en cas d'accident.

Ses inconvénients ?

- Prix de l'installation (entre 1 500 euros et 2 500 euros).
- Peu de choix dans les véhicules neufs déjà équipés.
- Légère perte de puissance par rapport aux véhicules à essence.
- Perte de place. Le réservoir est souvent logé à la place de la roue de secours.

Conseil

Décidez-vous en fonction de votre profil de conducteur. Si vous avez une petite cylindrée, que vous roulez essentiellement en ville et que vous changez régulièrement de voiture... oubliez le LPG. Avec les coûts d'installation du système et les taxes que l'on vient d'évoquer, c'est perdu d'avance. Si par contre vous avez le profil inverse, foncez.

63

VOITURES D'OCCASION : GARE AUX PIÈGES !

Vendre ou acheter un véhicule d'occasion n'est pas une opération dénuée de risques. Les arnaques sont nombreuses, surtout depuis le développement d'Internet.

Depuis le début du XXIe siècle, Internet a détrôné la presse papier dans le domaine des petites annonces. Une offre de véhicule d'occasion se retrouve diffusée à travers tout le pays, et même au-delà, avec photos à l'appui. Il paraît donc plus simple de vendre sa voiture par ce biais. Sauf qu'actuellement, les sites de références comme Autoscout24 référencient plus de deux millions de véhicules. Tout bénéfice pour l'acheteur, qui dispose d'une vue globale sur les prix du modèle qu'il convoite, mais moins bon pour le vendeur qui devra parfois revoir ses prétentions financières à la baisse : la concurrence est rude.

Ceux que rebutent les moyens modernes peuvent se rendre chez les marchands professionnels. L'acheteur est couvert par une garantie légale d'un an sur un véhicule d'occasion. Mais il payera forcément plus cher que si la transaction s'effectue entre particuliers. Le vendeur qui cède sa voiture au garagiste devra composer avec un prix souvent inférieur à la cote du marché. Dans une concession, la revente s'accompagne presque toujours de l'obligation d'acheter du neuf. Ainsi, une reprise surévaluée de l'occasion correspond souvent à une ristourne moins importante sur le neuf. Le garagiste n'est pas philanthrope…

Les marchands spécialisés dans l'exportation, ceux qui promettent d'acheter plus cher ou encore ceux qui déposent leurs cartes de visite sur les véhicules, sont de loin les moins intéressants. Ils présentent cependant l'avantage d'acheter des véhicules refusés au contrôle technique (et de payer cash).

D'autres filières, plus confidentielles, peuvent déboucher sur de belles surprises. Ainsi, Finshop, le magasin du ministère des Finances, propose fréquemment des ventes de véhicules aux enchères. Si certaines offres semblent alléchantes, aucun essai n'est possible et il n'existe aucune garantie après-vente.

Restent les marchés du véhicule d'occasion. Certains sont sécurisés mais leur accès est payant (pour les vendeurs).

Il convient d'être habile négociateur, pas trop pressé ni impressionné par le bagout des acheteurs, souvent des professionnels de ce milieu.

Trucs & astuces

Astuce 1

Ne cédez jamais aux promesses trop alléchantes. Un vendeur installé à l'étranger et prêt à débourser une somme très élevée est probablement un escroc.

Astuce 2

N'achetez jamais un véhicule dont les papiers sont incomplets. Exigez le car-pass, garantissant l'exactitude du kilométrage. Essayez la voiture avant de craquer.

En tant que vendeur, demandez un chèque certifié par la banque ou accompagnez l'acheteur à la banque. Dans tous les cas, rédigez un document écrit, le plus complet possible, contresigné par les deux parties.

64

PANNEAUX PHOTOVOLTAÏQUES ET ASSURANCE HABITATION

Vous avez décidé de faire installer sur le toit de votre immeuble des panneaux photovoltaïques. Mais en cas de sinistre, savez-vous s'ils sont bien assurés, et comment ?

Les panneaux solaires et photovoltaïques sont couverts par l'assurance habitation. Cette assurance, non obligatoire, comporte plusieurs volets (incendie, dégâts des eaux, tempête, grêle, foudre, vol, catastrophes naturelles, etc.). Les éco-installations sont ainsi assurées sans augmentation de prime, du moins chez la plupart des assureurs. Mais, c'est bien connu, les assurances ne sont pas des œuvres de bienfaisance et on peut supposer que les compagnies reverront leur copie à court ou moyen terme. Certaines assurances ont déjà amorcé le mouvement en revoyant les primes à la hausse pour les nouveaux contrats, la présence de ces panneaux conférant une plus-value certaine à la valeur de l'habitation. La valeur de l'immeuble est ainsi estimée sur base d'un questionnaire fourni par l'assureur.

Il est donc indispensable de signaler à l'assureur la présence de ces installations, qu'il s'agisse d'un nouveau contrat ou d'un contrat existant, et ce pour éviter les déceptions lors de l'indemnisation en cas de sinistre.

Par ailleurs, il convient de vérifier que l'assurance habitation comporte bien la garantie contre le vol. Elle couvre les détériorations immobilières suite à un vol ou à une tentative de vol ; et, les panneaux étant considérés comme des immeubles par destination, ils sont bien couverts par la garantie vol. Or, il faut savoir que ces produits présentent une valeur certaine et que de nombreux vols sont constatés chaque année.

Les installateurs proposent également des assurances omnium limitées dans le temps (on cite souvent le terme de dix ans). Elles constituent plutôt une extension de garantie proposée par le vendeur puisqu'elles couvrent par exemple les frais de main-d'œuvre et de déplacement en cas de réparation.

Moralité : mieux vaut informer l'assurance avant tout sinistre éventuel !

Trucs & astuces

Pour en savoir plus :
www.assuralia.be
www.livios.be
www.guide-panneaux-solaires.be
www.photovoltaiques-panneaux.be

65

CHAUFFAGE D'APPOINT : BOIS OU PELLETS ? À CHACUN SA SOLUTION !

En matière d'énergie, la flambée des prix vous incite à chercher des solutions pour réduire votre facture de chauffage. Poêles à bois ou à pellets, les solutions ne manquent pas. Encore faut-il trouver celle qui vous correspond.

Sachez d'abord que les poêles à bois ont tous un rendement plus ou moins équivalent (entre 78 et 82 %). Le bon choix dépend donc plus du type de logement que vous souhaitez chauffer et de l'usage que vous voulez faire de votre poêle : chauffer une ou plusieurs pièces, en continu ou de façon plus ponctuelle, en faire aussi un élément de déco, etc.

Le moins cher à l'achat reste le bon vieux poêle en fonte. Son principal inconvénient est son faible rayonnement : la température est très élevée à proximité immédiate du poêle mais, dès qu'on s'éloigne de cinq mètres, c'est fini. Il ne convient que si l'on veut chauffer une seule pièce, de petite taille.

Le convecteur à bois offre un rayonnement plus large : il garantit une meilleure répartition de la chaleur et permet de chauffer des surfaces beaucoup plus grandes, voire plusieurs pièces, s'il est bien situé. Côté déco, il y en a pour tous les goûts. On peut même se la jouer franchement design, à condition d'ouvrir largement son portefeuille !

Pour un budget équivalent, l'insert (ou cassette à bois) permet de jouir au maximum du plaisir de la flamme, surtout dans la version feu ouvert. Les modèles à soufflerie allient convivialité et efficacité en vous permettant de récupérer une partie de la chaleur perdue dans la cheminée pour chauffer les pièces voisines.

Enfin, le poêle à pellets allie chaleur et confort d'utilisation : il s'allume d'une simple pression sur un bouton et peut même se programmer, comme un chauffage central, pour démarrer en votre absence. Les pellets, vendus en sacs, se manipulent aisément. Même pas besoin de disposer d'une cheminée : un raccordement à une buse extérieure suffit. Côté look, par contre, le choix reste limité.

Trucs & astuces

Astuce 1

Quelle que soit l'option choisie, on compte que l'investissement de départ est rentabilisé en quatre ou cinq ans maximum.

Astuce 2

Si vous choisissez un poêle de type « brûle tout », vous pouvez utiliser n'importe quel type de combustible, du bois au charbon, en passant par du matériel de récupération (seul le bois peint est à éviter). Le combustible peut donc être totalement gratuit. Notez toutefois que le brûle-tout est plus gourmand qu'un poêle traditionnel.

66

ÉNERGIE : « C'EST DÉCIDÉ, JE CHANGE DE FOURNISSEUR ! »

Électricité et gaz, pas toujours facile de s'y retrouver parmi toutes les formules et les fournisseurs ! Et la grande question est surtout : comment réduire la facture d'énergie ? Voici quelques tuyaux très utiles dans tous les cas, que vous soyez ou non à la recherche d'un nouveau fournisseur d'énergie.

Changer de fournisseur vous permet de faire des économies substantielles. Vous devez pour cela choisir la formule la mieux adaptée à vos besoins : à chaque profil de consommation correspond une formule tarifaire fixe intéressante. Il faut donc impérativement connaître votre volume de consommation car les fournisseurs les moins chers ne sont pas nécessairement les mêmes selon que vous consommiez peu ou beaucoup. Voilà pourquoi, si vous continuez à vous en remettre à votre fournisseur traditionnel, sans changer de contrat, vous passez à côté de belles économies. D'autant que les différences ne font que s'amplifier. C'est vrai pour tous les profils de consommation, et avec tous les gestionnaires de réseau.

C'est décidé ? Vous souhaitez changer de fournisseur ? Voyons ensemble…

Puis-je le faire quand je veux ?

Oui, surtout qu'aucune indemnité de rupture ne peut plus être réclamée, que ce soit pour les contrats futurs ou les contrats en cours. Le consommateur a le droit de mettre fin à tout moment à son contrat de fourniture d'électricité ou de gaz en respectant un délai de préavis d'un mois. Ce délai est à présent uniformisé car, auparavant, il variait d'un fournisseur à l'autre.

Que dois-je faire en pratique ?

Pas grand-chose. Vous pouvez signifier à votre nouveau fournisseur que vous souhaitez vous engager avec lui. Il réglera les choses avec l'ancien.

Dois-je modifier mon installation ?

Absolument pas. Votre installation ne change pas. Seule change la société qui vous facture le gaz ou l'électricité.

Puis-je choisir des fournisseurs différents pour le gaz et l'électricité ?

Absolument. Il est même fréquent que la combinaison de deux fournisseurs soit plus avantageuse. À cette nuance près : si vous choisissez de rester chez Electrabel pour le gaz et l'électricité, vous devrez rester dans la même formule pour FixPlus, Optibudget, Vert ou VertPlus. Certaines personnes désirent néanmoins n'avoir qu'un seul interlocuteur pour n'avoir qu'une seule facture.

À noter

Si les prix évoluent, le potentiel d'économie reste heureusement constant, et il est très important pour la facture de gaz. Ainsi, en choisissant bien votre fournisseur pour les deux énergies, c'est-à-dire en quittant le fournisseur par défaut ou un fournisseur cher pour signer chez le fournisseur le plus avantageux du marché, vous pourriez même compenser complètement l'augmentation de prix actuelle ! Le potentiel d'économie est en effet proche de l'augmentation moyenne observée sur un an.

LOISIRS, VOYAGES ET ANIMAUX

67

ON SORT CE SOIR ?

Aller voir un spectacle à prix réduit ? C'est possible, il suffit de sauter le pas, et sans appréhension. Il faut surtout connaître les bons filons. Les voici !

Tout d'abord, n'hésitez pas, si vous avez vraiment envie d'aller voir un spectacle, à téléphoner au lieu de la représentation : on ne sait jamais, les répétitions générales se font parfois en public, c'est gratuit ou à prix mini, même à l'opéra !

Qui dit que la culture est réservée aux nantis ? Comme le stipule l'article 27 de la Déclaration des droits de l'homme : « La Culture est pour tous ! » Chez nous, les minimexés ont le droit d'aller au cinéma, au théâtre ou de voir une exposition, pour 1,25 euros. De façon idéale, l'action de l'ASBL Article 27 vise toute personne bénéficiant d'une aide à l'insertion sociale et/ou professionnelle. Il faut donc être inscrit dans l'une des associations conventionnées. Comment faire ? Consultez le site www.article 27.be.

Vous décidez de sortir un soir à Bruxelles ? Pas de panique… Vous pouvez trouver des places à moitié prix. Surfez sur www.arsene50.be. Pièces de théâtre, concerts et films vous sont proposés sur le site au jour le jour. Achat possible en ligne. Sachez aussi que les places du dimanche et du lundi sont vendues le samedi. Doublez votre plaisir !

Certains sites de vente comme www.ebay.be, www.que-faire.be ou www.billet-spectacles.vivastreet.be vendent des places à prix défiant toute concurrence. Mais attention aux arnaques! Demandez-bien l'identité de votre correspondant! Certains petits malins revendent le même billet à plusieurs personnes pour se remplir les poches. Méfiance surtout si le revendeur est un particulier. Demandez toutes les garanties possibles : copie de la carte d'identité – numéro de GSM – adresse…

Trucs & astuces

Astuce 1

Les prix diminuent selon que vous êtes demandeur d'emploi, enseignant, que vous avez moins de 26 ans ou plus de 60 ans...
N'hésitez donc pas à révéler votre âge ! Si vous êtes plus de quinze personnes, le prix de groupe est plus avantageux.
Autre aubaine : les abonnements regroupant plusieurs spectacles.
Lisez bien le règlement de chaque lieu de spectacle, ils sont tous différents...

Astuce 2

Le Théâtre de Poche, à Bruxelles, a décidé de vendre à 8 euros les places chaque mercredi : moins cher qu'une place de cinéma ! Bon à savoir !
www.poche.be

68

VISITEZ DES MUSÉES SANS BOURSE DÉLIER !

Tous les musées ne l'indiquent pas mais, certains jours, plusieurs d'entre eux ouvrent leurs portes gratuitement ! Pas envie d'enfiler vos baskets ? Qu'à cela ne tienne ! Vous pouvez d'un seul clic, sans quitter votre salon, admirer une grande partie des œuvres du monde entier grâce à Internet !

Aujourd'hui, une entrée au musée coûte quelque 8 euros mais, chaque premier dimanche du mois, 52 musées en Communauté française sont gratuits. Chaque mois, entre 14 h et 17 h, un musée différent « fait la fête » à sa gratuité du « premier dimanche ». Une façon bien agréable de faire du tourisme à prix doux : le tarif week-end de la SNCB à 50 %, plus le musée gratuit et sa fête.

Malheureusement, au niveau fédéral, la fête se tient… un autre jour ! Les musées sont gratuits mais les premiers mercredis du mois, le plus souvent dès 13 h. Dommage pour les écoles... C'est le cas du Mac's au Grand-Hornu, du Mundaneum à Mons, du musée des Sciences naturelles à Bruxelles. Quant au musée Magritte de Bruxelles, il prolonge la gratuité du premier mercredi jusqu'à 20 h. C'est la seule nocturne mensuelle gratuite !

Vous pouvez aussi, sans quitter votre salon, découvrir la plupart des œuvres du monde entier, grâce à Internet. Plusieurs sites vous y invitent, et ce gratuitement. En Belgique,

le site du musée Magritte est très instructif : on peut y voir les étapes chronologiques de la vie de l'artiste, explications à l'appui.

www.musee-magritte-museum.be

Le Musée royal des Beaux-Arts d'Anvers propose une visite virtuelle de la salle Rubens. Un maître belge incontournable, un site à voir !

www.KMSKA.be

Mais l'envie vous titille peut-être de visiter des musées à l'étranger, comme le Musée d'Art moderne de New York ? Rendez-vous donc sur le site www.googleartproject.com.

Y sont répertoriés dix-sept musées les plus réputés au monde (le château de Versailles en France, la galerie des Offices à Florence...). Vous pourrez visiter 385 salles et découvrir les œuvres de 486 artistes.

Trucs & astuces

Astuce 1

Le Centre de la Gravure et de l'Image imprimée à La Louvière, le Grand Curtius à Liège, le Musée des Beaux-Arts de Tournai, le musée Rops à Namur, le Musée international du Carnaval et du masque à Binche... 52 musées avec adresses et explicatifs sont repris sur le site www.consoloisirs.be. Vous pouvez y télécharger la liste des musées gratuits.

Astuce 2

Faites une recherche sur Internet. Votre musée préféré propose sans doute une visite virtuelle et, pour aller plus loin encore, vous pourrez explorer les merveilles du monde. Sont accessibles plus de 130 sites historiques, dans 18 pays.
www.google.com/intl/fr/culturalinstitute/worldwonders/

69

CHER BOUQUIN… PAS CHER

En période de crise, on y réfléchit à deux fois avant d'acheter un bouquin. Mais où dénicher les moins chers ?

Pourquoi vouloir du neuf à tout prix ? Les brocantes et vide-greniers vous proposent des ouvrages à bas prix, que vous pouvez encore marchander ! Sans compter le plaisir de fouiner chez les bouquinistes et de découvrir la perle rare ou le petit roman à offrir…

Autre option : les magasins de troc sont souvent pourvus d'un rayon livres. Et certains magasins sont spécialisés en livres d'occasion. Ces boutiques réelles, ou sur le Net, proposent l'achat et la vente de livres, de revues en tous genres, anciennes et récentes, sur tous les thèmes : de l'élevage des chiens à la pêche à la mouche, du tricot au guide de savoir-vivre, etc.

La mode du *book-crossing* se répand dans nos pays francophones. La liberté est totale dans ce concept : vous lisez un livre puis vous le laissez dans un lieu public – bistrot, restaurant, banc public… Vous lui donnez une nouvelle liberté ! Vous pouvez y participer à titre privé mais vous pouvez aussi entrer dans ce grand jeu à l'échelle mondiale en inscrivant votre livre sur le site officiel (voir dans Trucs & astuces ci-après). C'est la plus grande librairie au monde !

Les bons livres, on peut aussi les emprunter. Les bibliothèques publiques sont des lieux incontournables de la lecture « pas chère ». Gratuitement ou presque, vous pouvez emprunter un ou plusieurs livres pour une durée limitée. Quinze jours, en général, avec possibilité de prolongation d'une autre quinzaine. Attention aux retards, car les rappels sont souvent plus élevés que le prix de la location du livre.

Et si vous êtes un(e) « indécrottable » du livre neuf, achetez sur Internet : c'est parfois moins cher que chez votre libraire. Comparez les prix. Certains romans à succès sont aussi très peu chers dans les supermarchés lors de certaines promotions. Mais surtout, n'oubliez pas que votre libraire est un spécialiste, que son conseil est souvent avisé et que son sourire n'a pas de prix…

Trucs & astuces

Astuce 1

Magasins d'occasion : Pêle-mêle à Bruxelles, La sirène et Linsolite à Liège, Grandchamps / Fafouille à Charleroi et même sur le Net : www.2ememain.be, www.cherchons.com, sur www.amazon.fr. Regardez si la livraison est gratuite !

Astuce 2

Pour suivre le voyage d'un livre que vous « libérez », allez sur www.bookcrossing.com

Le livre est identifié par une étiquette et un site internet vous permet de le suivre à la trace si d'autres lecteurs se manifestent au moyen de sa référence.

70

UNE TOILE CONTRE UN POST-IT ?

Vous rêvez de vous offrir une œuvre d'art contemporain ? Nul besoin d'être Crésus, il vous suffit de recourir au bon vieux troc !

Acquérir une œuvre d'art contemporain sans débourser le moindre sou? Impossible, direz-vous! Eh bien si, vous pouvez troquer un de vos biens ou services contre une œuvre. «Truc –Troc» se déroule chaque année à Bruxelles. L'occasion d'y découvrir des tas d'artistes émergents.

Le principe de l'événement est simple: vous recevez des Post-it à l'entrée de l'exposition et, si une œuvre vous tente, vous proposez de l'échanger contre un objet ou un service. Impossible d'acquérir la pièce avec de l'argent. Vous inscrivez vos coordonnées et hop!, le tour est joué – c'est à l'artiste de choisir…

Lors des dernières éditions, on a vu des œuvres se troquer contre des voyages à New York, des séjours à la mer du Nord ou une exposition dans une galerie: ce sont les trocs classiques. Il y en a aussi de très originaux: une œuvre contre une année chez le coiffeur, un dessin d'enfant, une création de site internet, des nuits chaudes… À vous de laisser libre cours à votre imagination!

On y découvre quelque 150 artistes belges mais aussi des étrangers: italiens, français… il s'agit souvent d'artistes encore méconnus mais dont la cote monte; chacun expose deux ou trois œuvres sur les 1 500 m² de Bozar. Seul bémol:

depuis un an, l'entrée est payante (5 euros pour les plus de 12 ans) parce que les sponsors se font rares…

Chaque année, vous êtes 20 000 à visiter l'expo et des contacts amicaux se créent entre les spectateurs et les artistes présents. On dit souvent que l'argent pervertit les relations… Ici, pas question de sous mais uniquement des échanges inédits et insolites !

Trucs & astuces

Astuce 1

Laissez libre cours à vos coups de cœur lors de la visite et usez de votre imagination pour trouver le troc magistral ! Multipliez vos Post-it, si vous voulez vraiment une œuvre.

Astuce 2
N'hésitez pas à discuter avec l'artiste. Il vous proposera peut-être une visite de son atelier et là, vous pourrez faire un autre troc ou un achat en direct. Qui sait ?

Astuce 3
En 2013, le rendez-vous « Truc – Troc » à Bozar (Bruxelles) se tiendra du 1er au 3 février. Infos sur le site www.tructroc.be

Astuce 4
Si vous n'avez rien à échanger, rendez-vous à la galerie de prêt d'œuvres d'art et empruntez une pièce pour quelques dizaines d'euros pour un mois, voire six. N'hésitez pas !
www.artotheque.be

71

VOYAGE : SUIVEZ LE GUIDE !

Réserver un voyage via un professionnel du tourisme présente des avantages certains. Mais qui est qui, qui fait quoi et quelles sont vos garanties ?

Le tour-opérateur est l'organisateur des voyages vendus par le biais des agences. Il est responsable de l'exécution du contrat sauf si, en cas de problème, il peut prouver la faute du client, celle d'un tiers ou un cas de force majeure.

L'agence de voyage fait le lien entre le client et le tour-opérateur. Elle a une obligation de conseil et d'information; sa responsabilité est réglementée par la loi du 16/2/1994 sur les contrats de voyage. Si elle ne fait que vendre les produits proposés par le TO, sa responsabilité est limitée à ses fautes, ses négligences et son manque d'information. Si elle organise un voyage sur mesure, elle endosse la responsabilité d'un TO. Si elle vend le voyage d'un TO non installé en Belgique, elle est considérée comme l'organisatrice du voyage.

Le prestataire de service est la personne avec laquelle on traite directement – hôtelier, transporteur, organisateur d'une excursion. Il est responsable de ses manquements éventuels. Mais si la prestation est incluse dans un voyage organisé par un TO, c'est ce dernier qui devra répondre de la non-exécution totale ou partielle du voyage.

Une agence agréée est un gage de sérieux : elle se reconnaît au numéro de licence qu'elle doit afficher (A : elle vend des voyages organisés par des tiers et peut en organiser elle-même ; B : elle ne vend que les produits des TO ainsi que des billets de transport, des bons de logement et de repas ; C : les autocaristes). Ce numéro doit figurer sur tous les documents de l'agence.

La législation belge impose aux TO et aux agences de souscrire une assurance contre la faillite, soit auprès d'une compagnie d'assurances, soit auprès du Fonds de Garantie Voyages. Le cas échéant, l'assureur remboursera au consommateur les sommes payées avant le départ (sauf frais de vaccination, de visa, etc.) ou prendra en charge le coût du rapatriement, sans frais pour le client. Les coordonnées de l'organisme doivent être mentionnées clairement sur le bon de commande. Les Régions exercent un contrôle strict sur les agences.

Trucs & astuces

Pour en savoir plus :
www.upav.be (agences de voyages)
www.abto.be (tour-opérateurs)
www.economie.fgov.be (SPF Économie)
Région wallonne : Commissariat au Tourisme Tél. 081 32 26 57
Région bruxelloise : Cocof Tél. 02 800 82 73

72

TOUTES LES ÉTOILES NE SONT PAS DES STARS

Pour les vacances, nombreux sont ceux qui ont décidé de partir en camping. Pourtant, entre les prospectus aux photos paradisiaques et la réalité des choses, il y a parfois un gouffre. Oubliez donc les idées reçues sur les étoiles !

Au camping, le nombre d'étoiles n'est pas forcément synonyme de confort. C'est le cas en France et il en est de même en Belgique. Le nombre d'étoiles correspond à des normes techniques en matière d'équipements; pas question de qualité ou de propreté. Pour vous donner un exemple: pour afficher trois étoiles, un camping doit tout simplement être équipé d'une piscine. Mais on ne s'attarde pas sur la taille du bassin ou sur son entretien, d'où le risque de mauvaises surprises. Autres critères pour l'obtention d'étoiles: la taille des parcelles, l'équipement en matière de sanitaires, les parkings, l'éclairage, le gardiennage. En Wallonie, on compte 91 campings 1 étoile, 51 campings 2 étoiles, 33 campings 3 étoiles et seulement 7 campings 4 étoiles. Pourquoi ne pas tenir compte du confort ou de la qualité des services dans l'attribution des étoiles? Tout simplement parce que ce sont des critères subjectifs. Et comme ce sont des organismes officiels qui gèrent le dossier, ils se doivent d'être le plus objectifs possible…

Trucs & astuces

Quelques conseils quand même pour éviter les mauvaises surprises.

La Fédération française de camping et de caravaning a mis en place une charte de qualité avec des critères très stricts en matière d'accueil, de confort et de propreté (www.campingqualite.com).

En Belgique :

1. Vérifiez que le terrain de camping est bien reconnu par le CGT et porte le nom de « Terrain de camping touristique ».
2. Allez jeter un œil sur le site de Camping plus (www.camping-plus.be).

En attendant un bon guide indépendant, si vous faites du camping pour la première fois, renseignez-vous : la méthode du bouche à oreille reste encore la meilleure.

73

AGENCES DE VOYAGES : RÉSERVATION, MODE D'EMPLOI

Feuilleter une brochure de vacances, c'est déjà voyager. Et c'est bien là l'objectif de cette publication : elle doit attirer le regard du client, le séduire, l'emmener loin de chez lui… mais elle ne peut pas raconter n'importe quoi.

La brochure doit contenir une série d'informations telles que le prix, le logement, la nature du voyage, les moyens de transport utilisés, les documents nécessaires à emporter, etc. Toutes ces informations lient le voyagiste et font partie du contrat de voyage qui interviendra ultérieurement. Ce qui est annoncé et promis doit être bien réel et les indications ne peuvent pas induire le client en erreur. Pas question donc de mentionner l'existence d'une piscine si elle n'existe pas.

Le contrat de voyage repose sur la confirmation du bon de commande. Ce dernier doit être détaillé et reprendre, le cas échéant, les exigences particulières du consommateur (ex. chambre avec balcon, avec vue sur mer…). C'est important car, en cas de problème ultérieur, l'écrit constituera une preuve pour obtenir une éventuelle indemnisation. Le bon de commande doit être remis au client et signé par lui. La réservation doit être confirmée par l'agence ou le tour-opérateur dans un délai de 21 jours. Passé ce délai, on considère que le voyage n'est pas réservé ; le client pourra alors prétendre au remboursement des sommes déjà versées.

Le prix est fixe, en principe, mais les exceptions ne manquent pas: modification du taux de change sur base duquel le prix a été calculé, modification des frais de transport y compris les frais de carburant, modification des taxes comme la TVA et la taxe d'aéroport. Ces possibilités de révision doivent être explicitement prévues dans le contrat. Une augmentation n'est autorisée que jusqu'à 20 jours calendrier avant le départ. De plus, si l'augmentation est supérieure à 10 % du prix du voyage, le client peut résilier le contrat sans frais et se faire rembourser les montants déjà payés.

Trucs & astuces

Pour en savoir plus:
www.test-achats.be
www.abto.be
www.upav.be
www.economie.fgov.be

74

VACANCES PAR INTERNET : GARE AUX ARNAQUES !

Réserver un voyage par Internet est relativement simple, rapide et pratique. L'information est immédiate mais le client est livré à lui-même et la prudence s'impose.

À quoi être attentif ? Il faut lire attentivement le descriptif de ce qui est proposé et, en cas de doute, ne pas hésiter à contacter l'hôtel, l'agence ou le propriétaire pour obtenir un maximum d'informations. Il faut imprimer le descriptif, la publicité (ou la promotion) du séjour, la confirmation de la réservation et la commande définitive. Ce sera utile en cas de contestation. Avant de conclure, il faut vérifier que des options non souhaitées n'ont pas été cochées par mégarde. Il ne faut payer que sur des sites sécurisés portant le dessin d'un cadenas en bas de page ou dont l'adresse commence par « https:// ».

Peut-on annuler la réservation ? Sur Internet ou ailleurs, une réservation est un contrat en bonne et due forme et le client est engagé : difficile donc de faire marche arrière. Le délai de réflexion de 14 jours ouvrables prévu en cas de vente à distance est exclu pour les services relatifs au transport, au logement, à la restauration et aux loisirs. Pour les organisations de consommateurs, les voyages organisés qui ne sont pas expressément mentionnés parmi les exclusions devraient néanmoins bénéficier du délai de réflexion, sauf les voyages « dernière minute ».

Quant aux arnaques, elles ne manquent pas! Certains escrocs reprennent et copient des annonces de logements de vacances existants et se comportent comme s'ils les mettaient eux-mêmes en location. D'autres affichent sur leur site des logements assez plaisants avec une adresse fictive. Une fois sur place, la déception est grande : la maison n'existe pas ou n'est pas à louer mais l'acompte versé, lui, est bel et bien perdu. Le consommateur doit donc se montrer très prudent : il doit vérifier que l'offre est bien réelle en prenant des renseignements sur l'agence, le site, l'adresse du logement. Il doit toujours pouvoir localiser son interlocuteur et ne jamais verser l'intégralité du loyer à l'avance.

Trucs & astuces

Pour en savoir plus :
www.economie.fgov.be Tél. 0800 120 33
www.cecbelgique.be Tél. 02 542 33 89

75

COMPARATEURS DE PRIX DE BILLETS D'AVION EN LIGNE : LE MEILLEUR COMPARATEUR, C'EST VOUS !

Il existe aujourd'hui sur Internet des sites qui comparent à votre place les prix entre différentes compagnies aériennes. Vous entrez une date et une destination pour récolter les offres les « moins chères » du marché. Prudence : il y a à prendre mais aussi à laisser.

Jetcost, Opodo, Govage, Edreams, Skyscanner…, cette liste de comparateurs de prix est loin d'être exhaustive. Sur la Toile, ils sont des dizaines, des centaines de sites qui proposent de trouver pour vous les billets d'avion les moins chers du marché.

Nous avons testé l'un des plus populaires (www.jetcost.com). Pour une même destination, nous avons voulu connaître la différence de prix entre le comparateur et une compagnie aérienne low-cost.

Pour un vol à destination de Rome, la compagnie low-cost nous a proposé un vol aller-retour à 151,48 euros. Montant incluant un bagage en soute et les frais de réservation en ligne.

Le comparateur de prix nous a proposé comme prix le plus bas la même compagnie low-cost. Nous y avons introduis les mêmes critères de vol. Et là, surprise : 143,98 euros.

Ce comparateur de prix a donc tenu toutes ses promesses. Mieux, la réservation directement via le formulaire en ligne nous a proposé des tarifs encore plus avantageux qu'en passant directement par le site de la compagnie proposée.

Trucs & astuces

Astuce 1
Comparez toujours les résultats obtenus avec des compagnies non répertoriées par ces sites mais qui desservent pourtant la destination de votre choix.

Astuce 2
Ne vous focalisez pas uniquement sur le prix du vol. Un aéroport décentré entraînera parfois des frais de transport supplémentaires. Par contre, il vous permettra de faire de meilleures affaires mais ne sera pas proposé par le comparateur de prix.

Astuce 3
Certains jours de la semaine sont meilleurs que d'autres pour effectuer une réservation. Un vol le mardi ou le mercredi vous coûtera généralement moins cher qu'un vol durant le week-end.

76

L'AVION VOLE, LES BAGAGES S'ENVOLENT

Les valises peuvent se perdre en chemin, ou arriver à bon port mais en retard ou en piteux état… Que faire ? Comment réagir ?

Avant de grimper à bord de l'avion, le passager reçoit pour chaque bagage un récépissé numéroté à conserver : il devra en effet l'utiliser pour signaler la disparition des valises aux services de l'aéroport.

Si le bagage n'apparaît pas sur le tapis roulant, il faut le signaler immédiatement à l'aéroport. Le consommateur reçoit un document particulier qui va lancer la recherche (PIR = compte rendu d'irrégularité) ; il s'agit de le conserver puisqu'il va permettre de poursuivre la réclamation. Celle-ci devra être adressée par envoi recommandé à la compagnie aérienne dans un certain délai :

- 7 jours suivant la réception des bagages endommagés ;
- 21 jours suivant la réception des bagages retardés ;
- le plus rapidement possible si les bagages sont perdus (après 21 jours).

L'indemnisation est prévue par la convention internationale de Montréal à concurrence de quelque 1 280 euros par passager. Cette convention d'application mondiale est donc valable que l'on parte ou que l'on arrive d'un aéroport européen ou non européen. Le problème sera toutefois de prouver l'existence et l'importance du dommage réellement subi, ce qui n'est pas toujours aisé : inutile donc de mettre dans les valises des objets de valeur qui dépasseront le plafond prévu par la réglementation.

Enfin, si la valeur du bagage est plus importante que la somme de 1 280 euros, il est conseillé de remplir une déclaration spéciale lors de l'enregistrement en payant un supplément. En réalité, il s'agit d'une assurance conclue auprès de la compagnie aérienne qui, en cas de problème de bagage, remboursera la valeur déclarée. En cas de perte ou de destruction de ce bagage, le client aura droit au remboursement de la valeur déclarée.

Trucs & astuces

Pour en savoir plus :
www.cecbelgique.be (Centre européen des consommateurs)
Tél. 02 542 33 89
http://ec.europa.eu/transport (Site Direction générale Transports Commission européenne)

77

PROBLÈMES EN VACANCES : ACTION… RÉACTION !

En vacances, divers problèmes peuvent survenir : piscine sans eau, surréservation, excursions réservées et payées mais annulées, suite réservée avec vue sur mer muée en petite chambre avec vue sur parking… Que faire ?

Si le consommateur a choisi la réservation directe (il a tout organisé lui-même), c'est le gérant de l'hôtel qui est responsable. Dans le cadre d'un voyage organisé, c'est le tour-opérateur qui est responsable des manquements de l'hôtelier. Il doit alors prendre toutes les mesures nécessaires via son représentant sur place. Si l'hôtel affiche complet, il a l'obligation de reloger son client dans un hôtel de catégorie équivalente ou supérieure. Dans ce cas, le tour-opérateur pourra néanmoins réclamer un supplément de prix. Si aucune alternative ne lui convient, le client pourra demander le rapatriement et exiger des dommages et intérêts.

Mais attention : au moindre problème, le client doit informer immédiatement le tour-opérateur, son agent sur place ou encore l'agence de voyage en Belgique si le TO n'est pas joignable. Il doit en effet lui donner la possibilité de résoudre le problème sur place : il ne doit donc pas quitter l'hôtel de sa propre initiative, au risque d'aggraver la situation et de perdre une indemnisation à laquelle il pourrait prétendre.

Le consommateur doit également penser à réclamer un formulaire de plainte. Si ce document n'est disponible qu'à la fin du séjour, il est impératif d'y indiquer la date de la première plainte.

Enfin, le client doit garder une trace écrite des démarches effectuées et en conserver toutes les preuves pour pouvoir constituer un dossier (photos, vidéos, courriels, fax, témoignages d'autres voyageurs, etc.).

Au retour, dans le mois qui suit la fin du voyage, le client doit envoyer un recommandé au tour-opérateur afin de lui confirmer sa plainte. Si aucun accord ne se dessine dans les quatre mois, il peut soumettre le dossier à la Commission Litiges Voyages pour une procédure de conciliation ou d'arbitrage. La commission ne se prononce jamais sur les dommages corporels. Enfin, le consommateur garde toujours la possibilité d'entreprendre une action en justice devant les tribunaux.

Trucs & astuces

Pour en savoir plus :
www.economie.fgov.be
Commission Litiges Voyages : Conciliation : 02 277 61 80
Arbitrage : 02 277 62 15

78

ACHETER UN CHIEN, UN CHAT : QUELLES SONT VOS GARANTIES ?

Vous avez craqué pour un chiot ou un chaton. Mais il est tombé malade cinq jours plus tard. Quelle est votre garantie ?

Pour rappel, il est interdit de vendre des chiens ou des chats sur la voie publique, sur les marchés, dans les foires, les salons, les expositions ainsi que dans les établissements commerciaux pour animaux : l'objectif de cette disposition est d'éviter au consommateur des achats impulsifs en se baladant au milieu d'une série d'animaux comme les oiseaux, rongeurs, reptiles... Par ailleurs, les chiens et les chats ne peuvent être vendus que par des éleveurs et les chiens peuvent être commercialisés en Belgique s'ils sont identifiés et enregistrés.

Lors de l'achat, le consommateur bénéficie d'une « double » garantie : la garantie légale et celle portant sur l'état de santé de l'animal. La garantie légale de deux ans prévue par le Code civil vise les défauts de conformité pour un bien de consommation acheté par un particulier à un professionnel : elle permet au consommateur d'exiger du vendeur l'échange, des soins appropriés puisqu'il s'agit d'un animal (ces soins constituant la réparation fixée), une diminution de prix, ou encore la résolution de la vente avec remboursement du prix d'achat.

La garantie sur l'état de santé de l'animal est une disposition assez particulière : elle vise des maladies bien précises, prévoit le passage obligé par un vétérinaire, le recours à l'autopsie en cas de décès, etc. Cette disposition est mentionnée dans un certificat de garantie remis à l'acheteur. Elle donne la possibilité d'obtenir soit le remboursement total ou partiel, soit le remplacement de l'animal.

Attention donc lorsqu'on se décide à acheter un chien ou un chat : il faut être attentif aux conditions de vente proposées, voire fortement suggérées, par le vendeur ! Voici quelques conseils utiles pour ne pas se laisser piéger : ne jamais accepter que seul le vétérinaire du vendeur puisse soigner l'animal. Ne jamais accepter une autre garantie qui a pour seul but de réduire, voire de supprimer, les recours éventuels ou qui impose uniquement l'échange de l'animal décédé par un autre (on perd ainsi la possibilité d'obtenir le remboursement du prix d'achat ; or, on sait que certains chiens peuvent coûter très cher). Enfin, bien vérifier que le client a le droit d'exiger le remboursement du prix d'achat et des frais engagés par lui-même.

Trucs & astuces

Pour en savoir plus :
www.crioc.be
www.health.belgium.be (SPF Santé publique) Tél. 02 524 97 97

LES PIGEONS PIGEONNÉS ET LES ILLUSTRATEURS

Annie Allard (A A)
Avocate au Barreau de Charleroi pendant une dizaine d'années, toujours inscrite comme avocate honoraire, Annie Allard est conseiller juridique à la RTBF, détachée sur les émissions de télévision *Au nom de la loi, Objectif terre, Cartes sur table, C'est la vie, Au quotidien, On n'est pas des pigeons* et de radio (VivaCité) *Appelez on est là, On n'est pas des pigeons.*

Olivier Bogaert (O B)
Olivier Bogaert travaille depuis 1997 dans les équipes de la Police judiciaire fédérale spécialisées en nouvelles technologies. Depuis 2008, il est aussi chroniqueur sur Classic 21 et aide les auditeurs à mieux gérer la masse d'informations et de propositions qui fourmillent sur la Toile. Vous retrouvez ses chroniques chaque semaine dans *Le Soir Magazine* et les journaux du groupe Sud Presse.

Paul-Henri Burrion (P-H B)
Après un début de carrière à Canal C, la télévision régionale namuroise, Paul-Henri Burrion travaille comme journaliste à la RTBF depuis l'an 2000.
La diététicienne **Sylvie Vandenbussche (S V)** l'a assisté dans sa « recette pour des courses intelligentes ».

Carlo de Pascale (C dP)
Ancien restaurateur, Carlo de Pascale est animateur de cours de cuisine, chef d'entreprise et chroniqueur heureux en presse écrite et pour la RTBF (*On n'est pas des pigeons, Bientôt à table*) et. Il est l'auteur de livres de cuisine, dont *Cucina nostra. Les meilleures recettes italiennes des chefs Mmmmh*!, coécrit avec Sergio Moschini et paru chez Racine en 2010.

Jean-Philippe Ducart (J-P D)
Porte-parole de Test-Achats, Jean-Philippe Ducart participe, depuis le début, avec joie et intérêt à l'aventure d'*On n'est pas des pigeons.* Vice-président du Conseil de la Consommation, il est également un « lobbyiste » actif auprès des autorités pour faire entendre la voix du plus faible dans le domaine de la consommation.

Corinne Gerbinet (C G)
Entrée à la RTBF en 1994, Corinne Gerbinet a fait ses débuts en radio notamment à la présentation des journaux régionaux namurois du petit matin. Elle a ensuite travaillé à la fois pour la radio et la télévision, puis exclusivement pour le JT, et plus spécifiquement au service politique (politique wallonne et actualité régionale liégeoise). Elle a rejoint l'équipe d'*On n'est pas des pigeons* dès la naissance de l'émission.

Hubert Mestrez (H M)
Comédien, metteur en scène et auteur, Hubert Mestrez rejoint la RTBF à la fin des années 70. Animateur, producteur et journaliste, il passe de la radio à la télévision et de la télévision au Web, histoire d'accomplir un parcours tout à la fois riche et éclectique. Chroniqueur sur VivaCité, il fait également partie de l'équipe d'*On n'est pas des pigeons* où son ton et ses opinions font merveille ou débat.

Michaël Miraglia (M M)
Journaliste à Télé Mons Borinage de 1999 à 2004, Michaël Miraglia est engagé à la RTBF en octobre 2004 pour le 18h30. Journaliste et coprésentateur d'*Au Quotidien* de 2005 à 2009, il est chroniqueur dans *On n'est pas des pigeons* depuis la création de l'émission.

Jean-Claude Verset (J-C V)
Rédacteur en chef de *Park-Mail* pendant vingt-cinq ans, Jean-Claude Verset a mené de front une activité de journaliste spécialisé en nouvelles technologies dans les magazines *Paninformatic, Computer Magazine, PC World* et dans la presse d'information générale. Depuis 2005, il collabore aux émissions de la RTBF sur la Première, Matin Première et à la rédaction web de RTBF/Info.

Françoise Walravens (F W)
Assistante, animatrice, journaliste sur Télé 21-RTBF, Bel-RTL, RTL-TVi, ARTE 21-RTBF, Françoise Walravens devient ensuite journaliste culturelle dans l'émission *Françoise et les siens*, puis *Courants d'art* à la RTBF. Après quelques portraits d'artistes, elle rejoint l'équipe de l'émission *Au quotidien* et revient à ses premières amours dans *On n'est pas des pigeons*… avec des sujets et des chroniques sur la culture et sa consommation.

Jean-Christophe Willems (J-C W)
Jean-Christophe Willems fut d'abord le coprésentateur du Bus des Régions à Namur. Il a également travaillé pour le 18h30 et l'émission *Au quotidien*. Aujourd'hui, il est journaliste et chroniqueur spécialisé en mobilité pour *On n'est pas des pigeons*.

Nicolas Balmet
Journaliste freelance pour le *Moustique, Femmes d'aujourd'hui* et le magazine de BeTv. Tout-terrain, mais shooté au cinéma, à la télévision et à la musique, Nicolas Balmet est le scénariste du Clebs.

Mathieu Balmet
Graphiste et illustrateur. Web-designer de formation, mais converti à l'art sous toutes ses formes. Musicien et compositeur quand le dessin cède un peu de temps, Mathieu Balmet est le dessinateur du Clebs.